VIVIMOS COMO CRISTO

VIVIMOS COMO CRISTO

Dennis F. Kinlaw

Editado por John N. Oswalt

cnp *Casa Nazarena de Publicaciones*
Lenexa, Kansas EE.UU.

978-1-56344-673-3 (RUSTICO)

Traducido por David A. Gomero Borges y Yaíma Gutiérrez Valdés

Originalmente publicado en inglés
    We Live as Christ
    Por Dennis F. Kinlaw
    © 2001 Warner Press, Inc.
    Todos los derechos reservados

Prefacio

E ste libro contiene una serie de presentaciones realizadas en la Conferencia Teológica Internacional de 1999, que tuvo lugar en el Seminario Teológico Asbury, auspiciada por la OMS Internacional (Sociedad Misionera Oriental, OMS por sus siglas en inglés). La Conferencia reunió a 81 profesores y administradores académicos de todas partes del mundo, con el propósito de "revisar nuestra histórica distinción teológica wesleyana, facilitar la comunicación y la interconexión entre escuelas, y proveer un fundamento para la educación teológica en el siglo veintiuno".

En la conferencia tuve el privilegio de compartir diariamente el estrado con el Dr. Sam Kamaleson, Vicepresidente general de Visión Mundial Internacional, y con el Dr. Manfred Kohl, Vicepresidente para el Desarrollo Internacional del Concilio Extranjero. Estos distinguidos líderes cristianos, junto a otros oradores, nos trajeron una serie de exposiciones desafiantes y visionarias.

Me hubiera contentado con tan sólo asistir a la conferencia para sencillamente escuchar lo que otros tenían que decir, pero me tocó también a mí la alegre tarea de llevar estas conferencias a la asamblea.

Al servir durante los pasados treinta años en la junta directiva de la OMS Internacional, he visto como el Señor ha bendecido a dicha organización al abrirle puertas para el alcance misionero alrededor del mundo. La conferencia fue una de esas puertas. Mis amigos de la OMS Internacional, muy gentilmente de su parte, quisieron publicar las conferencias en forma de libro, y yo me deleito en apoyar tal proyecto.

Tuve la intención de hablar de manera sencilla e informal en estas conferencias para que las ideas pudiesen ser traducidas con claridad a los diferentes contextos culturales representados por el grupo. Las conferencias no estuvieron diseñadas para ser un prospecto exhaustivo o plenamente articulado para la educación teológica.

Dada la limitación del tiempo para las conferencias tan sólo pude, cual pintor, trazar con amplias pinceladas un bosquejo de la tarea que tenemos por delante. Además, traté de que mi enfoque fuese inspirador en vez de didáctico. Mi esperanza era desafiar a los participantes a renovar su compromiso con Cristo al tiempo que emprenden su labor como educadores y misioneros en un mundo que a veces resulta hostil.

Las conferencias han sido levemente condensadas para así quitar algunas referencias personales que se hacen de miembros de la OMS y de delegados a la conferencia, las cuales no resultan significativas para los lectores de este libro. Sin embargo, la esencia teológica e inspiradora ha sido preservada.[1]

Creo que la Conferencia resultó ser un importante paso hacia la identificación del futuro de las misiones cristianas y la educación teológica cristiana. Que este libro pueda ser otra modesta contribución a tal esfuerzo.

Dennis F. Kinlaw
Wilmore, Kentucky

Estas cosas habló Jesús, y levantando los ojos al cielo, dijo: Padre, la hora ha llegado; glorifica a tu Hijo, para que también tu Hijo te glorifique a ti; como le has dado potestad sobre toda carne, para que dé vida eterna a todos los que le diste. Y esta es la vida eterna: que te conozcan a ti, el único Dios verdadero, y a Jesucristo, a quien has enviado. Yo te he glorificado en la tierra; he acabado la obra que me diste que hiciese. Ahora pues, Padre, glorifícame tú al lado tuyo, con aquella gloria que tuve contigo antes que el mundo fuese.

–Juan 17:1-5

Lo que Dios nos ha prometido

Nos encontramos en un momento inusual de la historia. Nunca antes ha habido un día como este. Hace quince años no hubiésemos podido convocar a una conferencia de líderes evangélicos como esta. Pero el mundo ha cambiado, así que aquí estamos. He vivido para ver el día en que teóricamente no existe ninguna persona en el mundo que se encuentre fuera del alcance del evangelio. Tenemos los medios para alcanzar a todos para Cristo.

Me pregunto qué hubiese hecho Charles Cowman[2] si hubiese vivido en un día como este, dada la pasión que ardía en su alma y en las de aquellos a su alrededor, como es el caso de Juji Nakada. Tenemos los medios para compartir a Cristo con otros que un siglo atrás ellos no tenían.

Ustedes y yo nos encontramos aquí debido a que a finales del siglo XIX hubo una enorme explosión de evangelismo cristiano a lo largo del mundo. Dicha explosión ocurrió sin la libertad política, las tecnologías de las comunicaciones o los medios financieros con los que hoy contamos.

Debido a tales nuevas y maravillosas posibilidades, les pregunto: *¿Estará interesado Dios en este momento en hacer algo muy peculiar en este mundo?* Si es así, este grupo podría ser un elemento crucial de lo que Él hace.

Vengo a estas sesiones como estadounidense. Esto significa que vengo con todas las limitaciones que ser estadounidense implica; y debo hablar a partir de la experiencia y conocimiento de un estadounidense. Ustedes deberán traducir mis comentarios a su propio contexto. Quiero mencionar algunos aspectos de los Estados Unidos que tal vez puedan sonar negativos pero permítanme confesarles que yo he sido parte de las cosas que critico. Cuando digo algo negativo o critico acerca del cristianismo de los Estados Unidos, yo tengo parte de responsabilidad por aquello que amonesto.

He vivido en cada cuarto del siglo XX. A medida que nos aproximamos al final de este siglo, me siento muy preocupado por Estados Unidos y por el Cuerpo de Cristo en ese país.

Por otra parte, le agradezco a Dios por aquellos entre ustedes que no tienen dicha nacionalidad. Bien pudiera ser que la salvación del cuerpo de Cristo en los Estados Unidos dependiera de ustedes. Tenemos mucho que aprender de ustedes, así que no retengan lo que Dios les ha dado para que lo compartan con nosotros. Estados Unidos necesita escuchar nuevamente la voz de Dios y ustedes pueden ser los medios que Él utilice para hablar.

El mundo evangélico de hoy ha cambiado respecto de lo que era en mi juventud cuando vivía en la zona denominada "Cinturón Bíblico" del sur de mi país. Recuerdo el día cuando siendo un adolescente me acerqué a mi pastor y le dije que había encontrado a Cristo. Este ex-estudiante de las universidades de Duke y Yale me miró fijamente y entonces, con algo de aprensión, me dijo: "¿Usted no cree que esto debe sucederle a todo el mundo, verdad?". De repente me sentí como un extraño.

El triunfo y el fracaso del evangelicalismo

Visité la Universidad de Duke, la universidad de nuestra iglesia en mi estado natal, la cual mi padre ayudó a apoyar financieramente por medio de sus ofrendas a la iglesia. Yo era graduado del Instituto de Asbury y del Seminario Teológico de Asbury, así que le pedí al decano que me concediera el privilegio de pasar un curso de postgrado sobre Platón.

Con cara de pocos amigos me respondió: "Bueno, no sé si debamos o no permitir que alguien como usted pase un curso sobre Platón". "Sé lo que hará. Se esforzará muchísimo, obtendrá unas notas algo decentes y entonces pensará que es un candidato para ser admitido en la Universidad de Duke, y no sé si debamos otorgarles títulos de Duke a los graduados de Asbury".

Cuando asistí al Seminario Teológico de Asbury en 1944, en la facultad no había nadie que tuviese un doctorado y solamente teníamos 70 estudiantes. Todos vivíamos en un único edificio, al cual llamamos ahora Larabee-Morris. Hoy en día Asbury es uno de los seminarios más grandes de los Estados Unidos; virtualmente todos los miembros de su facultad son doctores. Lo sucedido al Seminario Teológico de Asbury es una parábola de lo sucedido a toda la iglesia evangélica de EE.UU. Hemos crecido.

En 1944 el seminario más significativo de EE.UU. era el Seminario Teológico Unión, que se encontraba en la ciudad de Nueva York. El centro del poder eclesiástico era el Consejo Nacional de Iglesias, ubicado en el número 475 de Riverside Drive en Nueva York. No había nada como la Asociación Nacional de Evangélicos; no existían asociaciones evangélicas. Los evangélicos eran un grupo marginal rechazado.

Tal situación ha cambiado dramáticamente. El enfoque de poder ha variado.

En aquellos días, si el presidente de los EE.UU. estaba interesado en obtener consejería espiritual, acudía al tipo de iglesia representada por el Consejo Nacional de Iglesias. Pero Billy Graham llegó a dormir en la Casa Blanca. El presidente de Estados Unidos asiste cada año a un desayuno de oración auspiciado por un grupo evangélico.

En 1944 no había transmisiones de radio evangélicas; no había programas evangélicos de televisión. A duras penas nos encontrábamos con una librería cristiana. Ahora es muy raro ir conduciendo por EE.UU. y no estar al alcance de una emisora cristiana; y en cualquier ciudad de tamaño regular hallaremos varias librerías cristianas.

Creo que fue en 1988 cuando me di cuenta de un artículo que apareció en primera plana del *Wall Street Journal* acerca del crecimiento de las librerías cristianas. Si mal no recuerdo, el artículo sostenía que la venta de libros cristianos en el país iba a llegar a un total de 1.7 mil millones de dólares en 1988, y que para 1998 ascendería a 9 mil millones. Por lo tanto, no es sorprendente saber que para ese mismo tiempo el empresario de los medios de comunicación Rupert Murdoch compró la Editorial Zondervan. De esta manera también se abrió camino en las librerías cristianas. Dudo que el Sr. Murdoch hiciese esto por cierto deseo de expandir el evangelio. Lo hizo para sacar provecho del movimiento hacia el evangelicalismo en EE.UU.

Indudablemente, los evangélicos hemos alcanzado un lugar tan prominente en EE.UU. como ninguno de nosotros hubiera soñado. Damos gracias a Dios por esto. ¡Qué grandes oportunidades poseemos!

Pero entre tanto que hemos escalado a dicho lugar, la vida moral de nuestro país se ha ido colapsando. Observen el liderazgo político de los EE.UU. En términos de ética personal, muchos de nuestros líderes no resultan ser modelos para nadie en el mundo. Lo mismo ocurre con la iglesia. En vez de ser modelos de virtud, muchísimos ministros ocupan un lugar en los titulares a causa de su reprensible comportamiento personal.

A medida que el movimiento evangélico se ha fortalecido, la influencia moral de la iglesia se ha ido debilitando. Yo creo que parte de la razón para dicha situación se encuentra en la forma en la que hemos presentado el evangelio en Estados Unidos. Nos hemos involucrado en una especie de reduccionismo respecto a lo que decimos que Jesucristo vino a hacer por nosotros cuando murió en la cruz.

Estoy convencido de que Jesús murió para hacer por nosotros, en lo individual y en lo colectivo, mucho más de lo que muchos de nosotros hemos predicado. Esto me llamó poderosamente la atención mientras me preparaba para esta conferencia y comenzaba a pensar acerca de mi asociación con misioneros extranjeros a lo largo de los años.

Otra visión del Cristianismo

Cuando recibí a Cristo en mi corazón, no conocía a otra persona en mi escuela o en mi iglesia que profesara la experiencia del nuevo nacimiento, a excepción de mis padres. Pero mi experiencia acerca del Cristo vivo fue tan transformadora que supe que todo el mundo necesitaba conocerlo. Esta convicción me atrajo hacia el mensaje de las misiones cristianas, por lo que llegué a ser miembro activo en un grupo de oración de estudiantes voluntarios en la Universidad de Asbury.

Quizás ustedes sepan que el Movimiento de Estudiantes Voluntarios fue el encargado de enviar más misioneros cristianos al extranjero que cualquier otro movimiento en la historia del cristianismo. Las últimas reuniones de oración de los Estudiantes Voluntarios se efectuaron en las instalaciones universitarias de Asbury, y siguieron mucho tiempo después que el Movimiento dejara de existir. Cinco días a la semana, desde las 12:30 hasta la 1:00, los estudiantes nos reuníamos para orar por el mundo.

En esas reuniones supe que muchos misioneros en el Lejano Oriente estaban encerrados en campos chinos para prisioneros de guerra. Los dos compañeros que se sentaban a mi lado en los cultos de la capilla, puesto que nos sentábamos por orden alfabético, eran Elmer y Ernie Kilbourne. Sus padres, quienes eran misioneros, se encontraban en una de esas cárceles. A menudo me preguntaba qué les estaría sucediendo. Un día, el barco estadounidense llamado *Gripsholme* trajo a los misioneros de vuelta a casa. Al venir de inmediato vinieron a ver a sus hijos, tuve la oportunidad de conocer al Señor y a la Señora Kilbourne, los padres de Elmer y Ernie. Cuando conocí a Hazle Kilbourne, habló conmigo personalmente acerca de lo que yo haría con mi vida. Nunca podré olvidarlo.

Luego conocí a Bill Gillam, un misionero en Latinoamérica. Él era una gran persona. Había vivido allí en el tiempo en que los católicos perseguían a los protestantes, a quienes en ocasiones apedreaban. Gillam vivió parte de ese terror.

Estas personas eran héroes en mi libro. Cuando hablaban les escuchaba atentamente. Noté algo diferente en ellos. Tenían un gozo contagioso en su interior y un abandono del yo tal que no encontraba en la mayoría de las personas que me rodeaban. Hablaban como si no les hubiese importado haber sido prisioneros en China, siempre y cuando hubiesen padecido prisión a causa del propósito correcto y Dios estuviese con ellos. No regresaron a casa como los que llegan abatidos o desalentados. Regresaron a casa radiantes, como un pueblo que testifica y que parecía decir: "¿No te gustaría vivir así?". Para mí esa era una idea bastante extraña, pero la capté.

Yo me di cuenta de que estos misioneros usaban una terminología diferente a la mía. Yo conocía lo que era el compromiso, pero ellos hablaban de un "compromiso total". Yo conocía algo acerca de la entrega personal, pero ellos hablaban de una "entrega completa". Los estudiantes a veces hablábamos acerca de la consagración; los misioneros hablaban acerca de una "plena consagración". Hablábamos de la santificación; ellos hablaban de la "santificación completa". Puedo recordar el terror que tales adjetivos me proporcionaban – ya saben, palabras tales como *total, completa, plena, toda*. Yo era un creyente, conocía a Cristo, pero todavía me aferraba a algo en mi vida y quería negociar un poco con Dios acerca de lo que El hacía en mi vida. Mientras esos misioneros hablaban de sus vidas, algo en mi interior me decía que, si quería conocer la gracia de Dios como ellos la conocían, tenía que haber un abandono total del yo, similar al que veía en ellos y del cual testificaban.

Agradezco a Dios por todo aquello, pues dudo que estuviera parado hoy aquí si no hubiese sido por el mensaje que recibí de ellos acerca de la demanda total de Dios sobre mi vida. Cuando una persona pierde el control total sobre sí mismo y descansa por completo en las manos de Dios, es cuando entonces se encuentra a sí mismo. Es por eso que, al esperar esta semana de conferencias, me encontré recordando a aquellos misioneros y su influencia sobre mi vida. Me vi también agradeciéndole a Dios por aquellos que compartieron algo conmigo que yo no podía encontrar en los Estados Unidos.

Estoy convencido de que en Estados Unidos hemos predicado el evangelio de Jesucristo principalmente como una manera de encontrar la libertad de las consecuencias del pecado, en vez de la libertad del pecado que trae consigo esas consecuencias. Hemos predicado un evangelio del tipo cerrado que ha sido confinado ampliamente a las preguntas: "¿Cómo me puedo deshacer de este peso de culpa que llevo arriba? ¿Qué me sucederá cuando muera?".

Por supuesto, nadie quiere vivir cargado de culpa. Todos desean tener una conciencia libre de culpa. Por eso hemos predicado el mensaje de que Cristo puede perdonar pecados. Hemos compartido la esperanza de que una persona pueda estar en una situación en que no le tema a la muerte. Hemos dado la impresión de que esta es la esencia del mensaje cristiano. Esta es la idea que nuestra sociedad recibió de parte nuestra.

Un comentarista dijo a Billy Graham en una entrevista para la televisión nacional: "Le envidio".

"¿Por qué me envidia usted?"– preguntó Graham.

"Por su paz"– respondió el comentarista. "Me aterra pensar en la muerte, y usted parece estar tan confiado respecto a ella".

Estar libre del miedo a morir es importante. ¿A quién no le gustaría librarse del infierno? Pero esto evidencia que hemos predicado la salvación como un medio de escape, como una forma de evitar las consecuencias del pecado, un plan para desviarnos del juicio eterno. Hemos predicado un "evangelio" con un sentido egoísta, y pienso que estamos pagando el precio por ese tipo de reduccionismo.

Cuando observaba a Hazle Kilbourne recién llegada de la China, noté que tenía sus piernas encorvadas a causa de haber vivido por años con tan sólo un puñado de arroz al día. El arroz perdía la mayor parte de sus nutrientes cuando se cocinaba. Sin embargo, nunca protestó por eso.

Cuando llegó el momento de que Bill Gillam retornase a Latinoamérica, sabía que enfrentaría persecución y posiblemente que hasta lo apedrearían. Tenía una lucha interna sobre si debía o no quedarse en casa, en la seguridad que le proveía EE.UU. Mientras oraba en ese verano, Dios le libró de sentimientos egoístas en cuanto a su persona. Así es que regresó a enfrentar la persecución, regresó a enfrentarla en victoria y lleno de gozo. Yo presencié el cambió que experimentó.

Cuando otra misionera llamada Annie Cartozian se quedó en nuestra casa, supimos que era una mujer brillante y bien educada. Tenía empuje, una energía indoblegable y una mente bien despierta. También poseía buen gusto para las cosas más refinadas de la vida. Era una mujer fina y culta. Ella nos llegó a contar cómo había logrado escapar de sus enemigos en tres ocasiones diferentes, llevándose consigo tan sólo lo que le cabía en sus manos, nada más.

Yo le pregunté: "¿Cómo se siente uno cuando lo pierde todo?".

Me miró con una sonrisa medio irónica y dijo: "Bueno, descubres lo que es importante. Llegas a saber que tus enemigos nunca te pueden quitar nada de lo que realmente vale".

En personas como esas pude ver un cristianismo que podía cambiar el mundo.

Mientras hablaba con estas personas una pregunta surgía en mi mente: ¿Querrá Cristo hacer con mi vida algo más que salvar mi pellejo?

Juan 17 dice que Jesús, enfrentando la cruz en la última noche de su vida terrenal, dijo: "Y esta es la vida eterna: que te conozcan a ti, el único Dios verdadero, y a Jesucristo, a quien has enviado" (Juan 17:3). En otras palabras, Dios simplemente quiere que lo conozcan a Él. Eso es lo que el cristianismo tiene que ofrecer al mundo, una relación personal con Dios, no una ruta para escapar del juicio.

La metáfora judicial de la salvación

Es difícil para nosotros en EE.UU. darnos cuenta de esto, porque hemos permitido que una metáfora bíblica gobierne nuestra forma de pensar respecto a la salvación (Hebreos 10:26-36).

Recuerdo un notable ejemplo de esa metáfora en un sermón expuesto por Henry Clay Morrison, quien fue el fundador del Seminario Teológico de Asbury. Morrison contó como en una ocasión cuando era joven infringió la ley. Terminó en la corte y sentado al lado de un corpulento oficial de policía con uniforme azul que le custodiaba. El juez del tribunal hizo pasar el caso de Morrison. Luego, el juez, se volvió hacia el fiscal y le preguntó: "¿Tiene él quien lo defienda?".

El fiscal le respondió: "No, su Señoría, no tiene abogado que lo defienda".

Dijo el juez entonces: "Debe tener quien lo defienda". Dirigió su mirada hacia un grupo de jóvenes abogados que se encontraban en la sala, señaló a uno de ellos y lo llamó por su nombre, y le dijo: "Sé tú su defensor".

"Me senté entonces en el banquillo de los acusados y al lado el oficial de la policía"– dijo Morrison. "Ese joven abogado caminó hacia donde yo estaba y se sentó a mi lado. Me preguntó: '¿Eres culpable? ¿Cometiste el delito del cual se te acusa?'".

"'Bueno'– le dije– ¡He hecho mucho más que aquello por lo cual me arrestaron!'".

"El joven abogado dijo: 'Bien, entonces, lo mejor que puedes hacer es entregarte a la misericordia del jurado'".

Morrison siguió diciendo: "Había algo encantador en las palabras del joven abogado cuando dijo: 'Lo mejor que puedes hacer es entregarte a la misericordia del jurado'. Me sentí confiado respecto a él. Pensé que si era él quien iba a hacer la 'entrega', entonces estaba dispuesto a que me entregara donde quisiera. Él era mi única esperanza".

"Dijo entonces el abogado al juez: 'Su Señoría, mi cliente se declara culpable'".

"Entonces algo extraordinario sucedió. El abogado continuó diciendo: 'Padre, si usted simplemente me deja este hombre bajo mi cuidado, haré que nunca más aparezca en la corte'".

Henry Clay Morrison dijo: "Escuché aquella palabra, Padre, y pensé, ¿será posible? Miré al juez y supe que era cierto. Mi abogado defensor era el hijo del juez; en ese momento comprendí que todo marcharía sin problemas".

Aquel fue un magnífico sermón y muchas personas encontraron a Cristo por ese medio. Pero, noten el contexto de la ilustración de Morrison. Es la escena de un tribunal: un juez en el estrado, un libro de la ley, una violación de la ley, un policía uniformado y el hijo del juez que, como el Hijo de Dios, intercede por nuestro caso y se lleva nuestro castigo. Cuando Morrison llegaba al final de ese sermón, explicó el significado de aquella ilustración. Decía: "Saben, esto no sucedió en la corte del condado; esto sucedió en una pequeña iglesia metodista. El policía uniformado era el Espíritu Santo que me tenía bajo convicción, y el joven abogado era el eterno Hijo de Dios".

Esta metáfora judicial, aunque tiene validez, es tan sólo una de entre tantas que se encuentran en la Biblia y que expresan la relación que Dios quiere que tengamos con Él; una relación que fue hecha posible mediante la cruz de Cristo. No tenemos tiempo para desarrollar ahora todas estas metáforas, pero echemos un vistazo a algunas de ellas.

La primera metáfora bíblica no es la justificación por la fe. Para llegar hasta ella, era necesario tener un libro de la ley y un sistema legal. Mucho antes de que existiese cualquier sistema legal, la Biblia usa una metáfora diferente para describir la relación entre el ser humano y Dios. Dicha metáfora aparece en el libro de Génesis, en donde se describe la relación de Dios con Abraham. Aunque Pablo identifica a Abraham como el mejor ejemplo de justificación por la fe (Romanos 4:1-2), Abraham nunca conoció la Ley (Romanos 4:13), ni escuchó los Diez Mandamientos; de hecho, Abraham nunca supo del sistema de sacrificios del Antiguo Testamento. Nunca leyó una Biblia; no conocía nada de la iglesia. Entonces, ¿cómo describe Génesis la manera en que Abraham vivió en relación con Dios?

A mi parecer, la palabra clave en Génesis no fue obedecer o creer, sino caminar. Ustedes recordarán cómo Dios, al aire del día, caminaba con Adán y Eva (Génesis 3:8). Recordarán cómo Enoc caminó con Dios y desapareció porque

La metáfora de la amistad

Dios se lo llevó (Génesis 5:24). Recordarán que Dios vio la maldad que había en el mundo y pensó: "Tengo que hacer un nuevo comienzo. ¿Dónde puedo encontrar a alguien con quien pueda comenzar?" Génesis dice que encontró un "varón justo, que era perfecto en sus generaciones, y Dios caminó con él" (Génesis 6:9), un hombre llamado Noé.

Yo había leído por muchos años el texto de Noé, y ahora pienso que no lo leí como debía. Yo suponía que Noé era justo y perfecto, y que por tanto Dios caminó con él. Pero ahora estoy convencido de que Noé era justo y perfecto como resultado de su andar con Dios. Hasta que una persona no conozca la comunión con el Dios vivo, no puede ser liberada del amor propio que le tiraniza contaminando su vida y sus relaciones.

Pero caminó Noé con Dios, y mientras lo hacía, una medida del carácter de Dios le era transferida. Había cierta nobleza en Noé que hizo que Dios dijera: "Puedo realizar un nuevo comienzo con este hombre".

De la misma manera, cuando Dios estableció Su pacto con Abrahán, le dijo: "Anda delante de mí y sé perfecto" (Génesis 17:1). Entonces vemos que el concepto bíblico de la relación de Dios con Abraham fue la imagen de un caminar con Dios. Esta es una metáfora de la amistad. Si observamos en 1 Crónicas 20:7, Isaías 41:8 y Santiago 2:23, encontraremos que Abraham fue llamado "amigo" de Dios. Por lo tanto, la primera metáfora que dan las Escrituras en cuanto a nuestra relación con Dios tiene que ver con algo tan sencillo como la amistad.

Las únicas personas con las que salgo a caminar son aquellas que me caen bien o aquellas que quiero conocer de inmediato. Esa es la imagen que obtenemos de la relación de Dios con Abraham. A Abraham le agradaba Dios. (Estoy usando la palabra agradar en vez de la palabra amar porque esta última la hemos mal usado tanto que a veces llega a carecer de sentido). A Dios le agradaba Abraham, al cual le dijo: "Camina conmigo". Entonces podemos ver que en Génesis se presenta un Dios a quien le agradan los seres humanos y que desea tener una relación con ellos de forma tal que le lleva a caminar con ellos.

Cuando leemos el libro de Éxodo, vemos como el pueblo de Dios recibió la Ley (Éxodo 34:1-32). Aquí encontramos el antecedente de la enseñanza bíblica de la justificación por fe.

Sin embargo, a medida que avanzamos por todo el Pentateuco, encontramos que se empieza a desarrollar una tercera metáfora. Esta es la metáfora de la familia. Creo que la primera vez que a Dios se le llama "Padre" en la Biblia es en Éxodo 4. Es allí donde Dios le dice a Moisés: "Y dirás a Faraón: Jehová ha dicho así: Israel es mi hijo, mi primogénito. Ya te he dicho que dejes ir

La metáfora de la familia

a mi hijo, para que me sirva, mas no has querido dejarlo ir; he aquí yo voy a matar a tu hijo, tu primogénito" (Éxodo 4:22-23). Dios llama hijo suyo al pueblo de Israel. He aquí el comienzo de un concepto familiar que se encuentra más desarrollado en el Nuevo Testamento donde, por ejemplo, Cristo da instrucciones a Sus seguidores de que comenzaran sus oraciones diciendo: "Padre nuestro" (Mateo 6:9; Lucas 11:2).

Por muchos siglos los teólogos dieron mayormente un énfasis primario a la soberanía de Dios. Sin embargo el Credo Apostólico comienza: "Creo en Dios Padre Todopoderoso". A Dios se le llama Padre antes que se le aplique el término Todopoderoso. Esta relación familiar se encuentra arraigada en la misma naturaleza de la deidad porque Dios es el Padre de Cristo, el Hijo, y Él desea tener una relación con cada ser humano como la que tiene con Su Hijo eterno.

Las Escrituras enfatizan de manera repetida esta expresión de "Dios Padre", lo que manifiesta que Él quiere tener una relación con nosotros igual a la que tiene con Jesucristo, Su Hijo. Es por eso que fuimos adoptados en Su familia (cf. Gálatas 4:5; Efesios 1:4-5). Hemos "nacido de nuevo" (Juan 3:3; 1 Pedro 1:23). Su Espíritu clama desde nuestros corazones: "Abba Padre" (Gálatas 4:6). ¡Qué relación tan íntima es ésta!

Recuerdo la historia de una mujer cuyo esposo había sido miembro del gabinete de

Pakistán. Ella conoció a dos misioneros bautistas quienes le obsequiaron un Nuevo Testamento. Ella comenzó a sentir hambre espiritual, pero lo que la retenía de convertirse al cristianismo era la Oración del Padre Nuestro, porque ella no se atrevía a llamar "Padre" a Alá. Sabía que si le decía "Padre" a Alá, estaría usando una designación humana para el Dios supremo, quien la destruiría por su blasfemia. Pero su corazón llegó a estar tan sediento que finalmente dijo: "Padre". Aunque era una mujer respetable, cayó postrada en el suelo pensando que quedaría muerta. Sin embargo, escuchó una voz suave que le hablaba al corazón: "Hija... hija... hija...".

La metáfora del matrimonio

A medida que avanzamos en el Antiguo Testamento, comenzamos a ver otra metáfora que se usa para describir nuestra relación con Dios. Dios le dice al profeta Oseas: "Ve, tómate una mujer fornicaria... porque la tierra fornica apartándose de Jehová" (Oseas 1:2). Aquí vemos el comienzo de un nuevo concepto para referirse al pueblo de Dios, esposa de Dios.

Ezequiel 16 plantea un resumen de la historia de Israel, en donde el Señor dice:

Tu origen, tu nacimiento, es de la tierra de Canaán; tu padre fue amorreo, y tu madre hetea. Y en cuanto a tu nacimiento, el día que naciste no fue cortado tu ombligo, ni fuiste lavada con aguas para limpiarte... sino que fuiste arrojada sobre la faz del campo, con menosprecio de tu vida, en el día que naciste.

Y yo pasé junto a ti, y te vi sucia en tus sangres, y cuando estabas en tus sangres te dije: ¡Vive! Te hice multiplicar ... te hiciste grande, y llegaste a ser muy hermosa ...

Y pasé yo otra vez junto a ti, y te miré, y he aquí que tu tiempo era tiempo de amores; y extendí mi manto sobre ti, y cubrí tu desnudez; y te di juramento y entré en pacto contigo, dice Jehová el Señor, y fuiste mía.
—Ezequiel 16:3b-8

El Nuevo Testamento continúa con esta metáfora matrimonial de nuestra relación con Dios. Nuestra historia comenzó con el casamiento de Adán y Eva y termina con las bodas del Cordero. El apóstol Juan escribe:

Y yo Juan vi la santa ciudad, la nueva Jerusalén, descender del cielo, de Dios, dispuesta como una esposa ataviada para su marido. Y oí una gran voz del cielo que decía: He aquí el tabernáculo de Dios con los hombres, y él morará con ellos; y ellos serán su pueblo, y Dios mismo estará con ellos como su Dios. Enjugará Dios toda lágrima de los ojos de ellos; y ya no habrá muerte, ni habrá más llanto, ni clamor, ni dolor; porque las primeras cosas pasaron. —Apocalipsis 21:2-4

Vemos también que la relación de intimidad más profunda que podemos tener, es decir la de esposo y esposa, es usada como un símbolo de esa relación superior, más profunda y más íntima, que debemos tener con Dios.

Creo que el matrimonio humano, la paternidad/maternidad humana y los hijos son todas metáforas de esa otra relación, la eterna. Dios es nuestro Padre eterno. En el cielo no habrá casamientos porque todos seremos "como ángeles", casados con el Cordero de Dios (cf. Mateo 22:30-32). Recuerdo cuando estaba frente al altar en una iglesia metodista de Schenectady, Nueva York, diciendo: "Sí, acepto". Cuando Elsie y yo salimos de aquella iglesia, ella dejó atrás a su padre, a su madre y a su hogar (ella era neoyorquina) para convertirse en una sureña. Si no se es estadounidense quizás no se pueda entender lo que eso significa, pero permítanme decirles que esto significaba para ella un cambio cultural muy radical. Elsie dejaba toda su seguridad financiera, y otras cosas, para convertirse en la esposa de un predicador (Mi salario en aquel tiempo era de 750 dólares al año). Lo dejó todo para estar conmigo.

De hecho Dios nos dice: "Eso es lo que yo quiero que hagas conmigo".

Es interesante ver que la metáfora del matrimonio no es la última de nuestra vida con Dios. Cuando llegamos a los evangelios encontramos que se describe una intimidad aún más profunda. La vemos en los escritos de Pablo (ej. Colosenses 2:9-12), pero más detallada la encontramos en Apocalipsis 3:20, en donde Cristo dice: "He aquí, yo estoy a la puerta y llamo; si

La metáfora de la habitavción

alguno oye mi voz y abre la puerta, entraré a él, y cenaré con él, y él conmigo". Así que no tan sólo podemos decir que "Cristo está con nosotros", sino también que está en nosotros. Elsie me puede llevar hasta el aeropuerto y verme partir para Timbuktu dejándola a ella atrás; pero Dios dice: "Yo quiero una relación más profunda que esa, lo que realmente yo quiero es esto: que en donde tu vayas, yo vaya. Si yo me voy, tú vienes conmigo".

Este tipo de intimidad es aún más profunda que la de un esposo y una esposa. A esto se le llama "vivir en Cristo".

Hace poco me llegó un libro en inglés que decía que la expresión teológica más importante de las Escrituras es el prefijo *in-* en inglés (*en-*, en español). El autor escribió una oración que contenía de ocho a diez palabras teológicas que contenían el prefijo *in-*, entre esas palabras hallamos *in*carnation (encarnación), *in*dwelling (morada), e *in*habit (habitar). La maravilla del evangelio es "Cristo en vosotros, la esperanza de gloria" (Colosenses 1:27, cursivas añadidas).

La metáfora de la identidad

Sin embargo, esta todavía no es la expresión más profunda de la relación que Dios quiere tener con nosotros. Si leemos detenidamente los evangelios y las epístolas de Pablo, encontraremos que existe una aún más profunda.

Yo me pasé años saltándomela porque se me hacía muy difícil entenderla. Primero la metáfora tiene lugar en Mateo 10:17-42, en donde Jesús envía a los 12 a que prediquen. En esencia lo que está diciendo es: "Miren, esto no va a ser fácil. Los van a llevar ante tribunales, los perseguirán y los maltratarán".

Finalmente dice: "El que a vosotros recibe, a mí me recibe; y el que me recibe a mí, recibe al que me envió" (Mateo 10:40). Lo que aquí Él describe no se refiere a una simple morada. Se asemeja a la identidad, ¿verdad? Cristo y el creyente se encuentran tan identificados que cuando recibimos a un creyente, estamos recibiendo a Cristo. Si rechazamos a un creyente, estamos rechazando a Cristo. Si tenemos a Cristo, tenemos al Padre; y si nos falta Él, nos falta el Padre.

Yo solía leer este pasaje y decía: "Gracias, Señor, ¡que yo no era uno de los apóstoles!".

Entonces leía Lucas 10, en donde Jesús envía a setenta y dos discípulos. En esencia les dice a ellos lo mismo: "El que a vosotros oye, a mí me oye; y el que a vosotros desecha, a mí me desecha; y el que me desecha a mí, desecha al que me envió" (Lucas 10:16).

Y yo pensaba: "¡Gracias Señor, que yo no era uno de ellos!".

Luego leía el relato de la Última Cena en Juan 13 en donde Jesús dice que esto era cierto para cada creyente: "De cierto, de cierto os digo: El que recibe al que yo enviare, me recibe a mí;

y el que me recibe a mí, recibe al que me envió" (Juan 13:20).

Saben una cosa, yo creo que es a esto a lo que se refería Pablo cuando dijo: "Para mí el vivir es Cristo" (Filipenses 1:21). Siempre me ha impactado ese versículo y he querido usarlo como el versículo de mi vida, pero en esto temo parecer un poco arrogante. El vivir para mí, ¿lo es Cristo? Sí, es cierto que Cristo es vida para mí, pero esto también significa que yo deba ser Cristo para otras personas. No estaba seguro de si quería esto. Pensé que sería demasiado arrogante de mi parte decir que sí.

Pablo menciona esto sin pestañar. Él puede hacerlo porque dice algo más:

> *Mas a Dios gracias, el cual nos lleva siempre en triunfo en Cristo Jesús, y por medio de nosotros manifiesta en todo lugar el olor de su conocimiento. Porque para Dios somos grato olor de Cristo en los que se salvan, y en los que se pierden; a éstos ciertamente olor de muerte para muerte, y a aquéllos olor de vida para vida. Y para estas cosas, ¿quién es suficiente? Pues no somos como muchos, que medran falsificando la palabra de Dios, sino que con sinceridad, como de parte de Dios, y delante de Dios, hablamos en Cristo. —2 Corintios 2:14-17*

Me resulta interesante esa primera expresión: "a Dios gracias, el cual nos lleva siempre en triunfo". Muchos comentaristas relacionan esta afirmación con la resurrección. Dicen que Cristo salió de la tumba vacía para llevarnos siempre en triunfo hasta el cielo. Pero entonces Pablo dice: "por medio de nosotros (Él) manifiesta en todo lugar el olor de su conocimiento".

Juan Calvino decía que Pablo debía haber confundido sus metáforas en ese momento, porque no se puede extraer fragancia de algo hasta que no esté triturado, triturado completamente. Calvino razonaba que la trituración debía ser una metáfora de la cruz, pero eso significaría que Pablo puso la resurrección primero que la cruz. Seguramente, pensó Calvino, el apóstol se confundió.

Pero si trazamos el significado de la palabra griega que aquí se usa para expresar "llevar en triunfo", encontramos que ésta describe un desfile militar en el cual la persona que conduce la procesión es finalmente sacrificada al dios del vencedor. Así que Pablo no confundió sus metáforas. Hay tan sólo una metáfora, y esta es la cruz desde el principio hasta el final. Cuando ustedes y yo lleguemos al lugar en el cual muramos a nosotros mismos y pertenezcamos por completo a Cristo, entonces es posible que emane de nosotros una fragancia que atraiga otros a Cristo.

Déjenme decirles esto para terminar: creo que en EE.UU. predicamos el evangelio de tal manera que el concepto de la entera santificación o perfección del amor aparece pegado a la salvación como si fuese una especie de bendición opcional. Pero, ¿cómo podemos llegar a ser el medio de esparcir el aroma de Cristo en este mundo, si existe un ego sin crucificar que se ha quedado en nuestro interior? Solamente cuando llegamos al final de nosotros mismos Él puede llegar a manifestarse.

Creo que necesitamos pensar más claramente acerca de la intención de Cristo cuando murió por nosotros en la cruz. ¡Qué grandiosa idea, que Dios nos pueda traer a intimidad consigo mismo, el mismo tipo de intimidad que existe entre el Padre, el Hijo y el Espíritu Santo! ¿Cómo podrá esto ser posible? Tan sólo por medio de la sangre limpiadora de Jesucristo y el poder santificador de su Santo Espíritu en nuestro interior.

Entonces, en donde quiera que estemos, está Cristo.

Padre Nuestro, te pedimos que ensanches nuestros corazones y nuestras mentes hasta que veamos la plenitud de Tu voluntad para con nosotros. Ayúdanos a ver que Tu voluntad hacia nosotros es mucho más grande–a veces muchísimo más grande–de lo que muchos de nosotros hemos imaginado. Que nada en absoluto de lo perteneciente al sacrificio en la cruz haya sido hecho en vano; por el contrario, haznos saber los beneficios del sacrificio de Cristo para que al mismo tiempo le demos toda la alabanza al nombre de Cristo.

Amén.

oisés tomó el Tabernáculo y lo erigió lejos, fuera del campamento, y lo llamó «Tabernáculo de reunión».Y cualquiera que buscaba a Jehová, salía al Tabernáculo de reunión que estaba fuera del campamento. Y sucedía que cuando salía Moisés al Tabernáculo, todo el pueblo se levantaba y se quedaba en pie a la entrada de su tienda, con la mirada puesta en Moisés, hasta que él entraba en el Tabernáculo. Cuando Moisés entraba en el Tabernáculo, la columna de nube descendía y se ponía a la puerta del Tabernáculo, y Jehová hablaba con Moisés.

Dijo Moisés a Jehová: Mira, tú me dices: "Saca a este pueblo", pero no me has indicado a quién enviarás conmigo. Sin embargo, tú dices: "Yo te he conocido por tu nombre y has hallado también gracia a mis ojos". Pues bien, si he hallado gracia a tus ojos, te ruego que me muestres ahora tu camino, para que te conozca y halle gracia a tus ojos; y mira que esta gente es tu pueblo. Jehová le dijo: Mi presencia te acompañará y te daré descanso. Moisés respondió: Si tu presencia no ha de acompañarnos, no nos saques de aquí. Pues ¿en qué se conocerá aquí que he hallado gracia a tus ojos, yo y tu pueblo, sino en que tú andas con nosotros, y que yo y tu pueblo hemos sido apartados de entre todos los pueblos que están sobre la faz de la tierra?"

–Éxodo 33:7-9, 12-16

Enfrentar
nuestro pecado

El Cristianismo es una fe histórica. Creemos que Dios comenzó la historia. No somos de aquellos que creen que el universo es eterno; por el contrario, creemos que Dios lo creó. No creemos que el tiempo sea cíclico; más bien creemos que el progreso histórico es posible porque Dios comenzó el tiempo y Él mismo lo terminará.

Los cristianos creemos que la historia humana es buena en su esencia porque Dios mismo decidió entrar a ella. En la segunda persona de la bendita Trinidad Él tomó forma física y terrenal. La santidad de toda la creación física proviene de Aquel que la hizo y la sostiene.

Pero los cristianos también tienen problemas con la historia, ¿verdad? Decimos que el Dios que hizo el cosmos y el proceso histórico es bueno. De hecho decimos que Él es la bondad misma. Decimos que Él tiene el control soberano de nuestro mundo. Pero si Dios reina sobre el cosmos, si Él lo va a llevar a culminación en Su tiempo y a Su manera, ¿cómo es posible que el mundo esté tan desordenado?

Con el comienzo del siglo XXI, los cristianos estadounidenses evalúan cuán diferente es la presente atmósfera moral y espiritual, en comparación con la de hace cien años atrás. La diferencia se refleja en el irónico título de una revista que una vez llegó a ser la voz ecuménica cristiana de EE.UU. La revista fue fundada en 1897. Al estar a las puestas del siglo XX, sus fundadores decidieron llamarle *El Siglo Cristiano* porque creían que este siglo sería cristiano en su totalidad. Estaban seguros de que no habría más guerra, que no tendríamos más hostilidad internacional, que no tendríamos aquellas cosas que al final fueron las que en sí caracterizaron el siglo XX. Aquellos líderes religiosos esperaban que el siglo XX reflejara de manera especial el espíritu de Jesucristo.

LLegó entonces la Primera Guerra Mundial. Fue seguida por Adolfo Hitler, Auschwitz, Belsen y los horrores de la Segunda Guerra Mundial. Llegaron luego las guerras de Corea y de Vietnam. El siglo XX demostró que todos los problemas de la humanidad todavía están con nosotros.

El problema del mal

¿Qué fue lo que falló? Si un Dios bueno tiene el control del mundo, ¿cómo podemos explicar lo sucedido?

La existencia del mal en el mundo constituye un problema más intenso para los cristianos que para otro grupo porque creemos que el mundo no comenzó así. Las Escrituras nos dicen que la vida humana comenzó en un huerto o jardín.

Todos sabemos que un jardín es un lugar de orden y belleza. Normalmente es un lugar de tranquilidad y fructificación. Es un lugar de frescura. De esta manera es como comienza nuestro mundo, según nos enseña la Biblia; pero el presente no es así (Muchos de ustedes que viven en países del tercer mundo conocen esto mejor que nosotros los estadounidenses).

El problema es peor porque los cristianos creemos también que el mundo no va a terminar de esta manera. Esperamos vivir en una ciudad que no será como las ciudades en que viven los seres humanos hoy en día. Será una ciudad santa que desciende del cielo de parte de Dios. En esta ciudad no habrá más sufrimiento, ni más tristeza, ni dolor, ni lágrimas, ni muerte (Apocalipsis 21:4). Allí habrá gozo como en una fiesta de bodas (Apocalipsis 19:7-9). Creemos que esa será la culminación de la historia humana.

Creemos que nuestro mundo comenzó bien y que va a terminar bien. ¿Cuándo llegó a estar de esta manera? ¿Cómo se puede arreglarse?

Muchas personas explicarían que la causa de nuestra desgracia es producto de las fuerzas demoníacas y, ciertamente, creemos en que existe un reino demoníaco. Algunos pensadores lo han explicado suponiendo que la materia física es mala en sí misma, por lo que padecemos un constante conflicto entre el espíritu, que es bueno, y la carne, que es mala. Pero nosotros los cristianos, si permanecemos fieles a las Escrituras, debemos explicar el mal que existe en el mundo desde una base diferente y que para los incrédulos es difícil de comprender.

El libro de Génesis nos dice que la caída, la causa del mal, fue el resultado de algo increíblemente pequeño. Fue algo tan sencillo como dar la espalda. Debido a la seriedad de nuestro problema actual, nos inclinamos a pensar que debió haber habido un gran mal, tan inmenso que desde entonces lanzó su sombra destructiva sobre cada página de la historia humana. ¡No! El libro de Génesis dice que nuestros antepasados simplemente le dieron la espalda a Aquel que vino a caminar y a hablar con ellos en el jardín al frescor del día. Comenzaron a pensar más en el don que Él les había dado. Se enamoraron más de ese don que del Dios que se lo dio.

En esencia Dios había dicho que "todo lo que estaba allí era de ellos, pero quiero que tan sólo conozcan el bien, para que centren su atención en mí, Fuente de toda bondad. Si me quitan su atención, verán lo que es malo, y si dejan que la fuente de sus vidas sea otra que no sea yo, llegarán a saber la diferencia entre el bien y el mal" (Génesis 2:15-17).

En términos bíblicos el mal no es algo que sea malo en sí mismo, es simplemente el bien fuera de lugar con respecto al Creador quien le creó—algo que Dios hizo para enriquecer nuestras vidas, no para destruirlas ni socavarlas. Este es un concepto revolucionario entre las religiones del mundo. Este entendimiento acerca del origen del mal ha estado en el corazón del desafío del cristianismo hacia cada uno de los sistemas religiosos. ¿Qué es lo que decimos? Que Dios es bueno y es una Persona. Decimos que la bondad se resume en una persona cuyo nombre conocemos. Él nos ha dado a conocer Su nombre y nos ha invitado a que vivamos en una comunión inquebrantable con Él.

Es muy fácil para nosotros pensar en el pecado como una violación de la Ley, pero recordemos que Abraham vivió toda su vida sin conocer nada de la Ley. Esta llegó mas tarde, con Moisés. Antes de Dios entregarla, dijo a los seres humanos: "Tan sólo pido una condición para nuestra relación. Guarden esa condición y déjenme ser Quien se supone que sea, el Centro y la Fuente de sus vidas". Pero le dimos la espalda.

Isaías 53:6 nos da una definición sin igual del pecado al hablar del sacrificio de Cristo. Por mucho tiempo ignoré la sencillez de esto. A veces es tan fácil ver lo complicado y, a pesar de esto, dejar de ver lo que es sencillo y lo que es obvio. Las Escrituras dicen: "Todos nosotros nos descarriamos como ovejas, cada cual se apartó por su camino; mas Jehová cargó en él el pecado de todos nosotros".

El pecado del mundo es simplemente la consecuencia de "tomar nuestro propio camino", rechazando a Aquel cuyo rostro debemos buscar y

La naturaleza del pecado

en cuya luz se supone debemos vivir. Martín Lutero lo expresó de una manera muy gráfica. Él definió el pecado como *cor incurvatus ad se:*

cor = el corazón

incurvatus = vuelto

ad se = sobre sí mismo

De esta manera Lutero, al entender el concepto bíblico, dijo que la esencia del pecado es el darle la espalda a Aquel de quien provine y me vuelvo a mí mismo en un esfuerzo por encontrar lo que necesito. Es el esfuerzo de "hacerlo a mi manera". Cuando así hago, toda clase de males se hace posible porque me he desviado de la Fuente de todo lo que es bueno. Le he dado la espalda al Señor.

Como decía, este concepto no es fácil de aceptar. El pecado es simplemente que he comenzado a vivir por mi propia cuenta; he cambiado en mi interior. Trato de encontrar quién soy volviéndome a mí mismo en vez de a Dios. Trato de conocer quién eres realmente volviéndome a mí mismo en vez de a Él. Intento hallar lo que me satisface buscando en mi interior en vez de volverme a Él.

En cambio, existe cierta extravagancia acerca de la persona que es un verdadero creyente. La vida del creyente está centrada fuera de sí mismo, se centra en Aquel de quien vino y a quien va, en Aquel con quien camina cada día.

¿Puede ser esta realmente la explicación de cómo entró el mal a nuestro mundo? ¿Puede el mal ser el resultado de nuestra propia elección de seguirnos a nosotros mismos en lugar de a Dios?

Alejándose de la Luz

Si pensamos en la vida de manera bíblica, debemos decir que sí, que esto lo explica todo. La Escritura enseña que Dios es la fuente de toda luz. "En el principio creó Dios los cielos y la tierra. Y la tierra estaba desordenada y vacía, y las tinieblas estaban sobre la faz del abismo, y el Espíritu de Dios se movía sobre la faz de las aguas. Y dijo Dios: Sea la luz; y fue la luz" (Génesis 1:1-3).

Esto es completamente análogo con la promesa que hemos recibido en Jesucristo. Dios envió a Su Hijo, Su Verbo, a las tinieblas de este mundo. Su hijo dijo: "Yo soy la luz del mundo" (Juan 8:12). En otras palabras: "Cuando yo venga a ustedes, entenderán quiénes son ustedes. Sabrán quién es su hermano cuando venga a ustedes. También sabrán quien es su verdadero enemigo cuando venga a ustedes. Entenderán que consiste realmente la vida. Entenderán y verán claramente. Pero, si se separan de mí, las tinieblas comenzarán a cubrirlos".

Cada uno de nosotros conoce por experiencia qué significa darle la espalda a la luz que hemos recibido, encontrarnos con sombras que caen a lo largo del camino de la vida. Mientras más nos alejamos de la luz, más densa se torna la oscuridad. Por lo tanto se hace significativa la expresión que usa Jesús para referirse al infierno: "las tinieblas de afuera" (Mateo 8:12; 22:13; 25:30).

En EE.UU. a veces predicamos que el infierno es un lugar de juicio en donde Dios se va a "desquitar" de nosotros por haber tomado nuestras vidas por nuestra propia cuenta y haberlo dejado a Él a un lado. Hasta donde he visto, en las Escrituras no aparece nada de tal enseñanza vindicativa. Cristo simplemente expresa una realidad cuando dice que Él es la fuente de toda luz, sea intelectual, moral, o espiritual. Así que cuando nos apartamos de Él, las sombras comienzan a caer. Por otra parte, si sabemos que Él es la fuente de nuestra luz, no hay ninguna razón para que caminemos en las "tinieblas de afuera". No hay razón para vivir en la desilusión ni el desengaño. Solamente cuando se rompe la conexión entre nosotros y la Fuente, es entonces cuando las tinieblas se abren paso.

Alejándose de la Verdad

La historia humana es, sin dudas, una historia oscura. Pero Cristo trae la luz, porque Él trae la verdad. Él no es tan sólo el Hijo divino, sino también el "Sol" que ilumina como debemos vivir. Cuando Cristo vino, no vino solamente a darnos la verdad. Él dijo: "Yo soy... la verdad" (Juan 14:6). En demasiadas ocasiones la verdad aparece abstracta para nosotros, pero Jesús demostró que la verdad es una persona. Ésta se encuentra resumida en Él. Y cuando Él entra a una vida, lo hace la verdad con Él (cf. Juan 18:37-38).

Las Escrituras ilustran esta verdad en muchos pasajes. Uno de ellos es Isaías 59, en donde Dios describe como ve Jerusalén, la Ciudad Santa. Dios encuentra que las tinieblas han cubierto a Su propio pueblo que tenía la misión de ser una luz para el mundo. Isaías dice:

Por esto se alejó de nosotros la justicia, y no nos alcanzó la rectitud; esperamos luz, y he aquí tinieblas; resplandores, y andamos en oscuridad.

Palpamos la pared como ciegos, y andamos a tientas como sin ojos; tropezamos a mediodía como de noche; estamos en lugares oscuros como muertos.

Gruñimos como osos todos nosotros, y gemimos lastimeramente como palomas; esperamos justicia, y no la hay; salvación, y se alejó de nosotros. —Isaías 59:9-11

¿Por qué? Porque nos hemos separado de nuestra Fuente de verdad. Esto me recuerda un escrito del filósofo moderno Nietzsche, quien dijo que alguien que busque a Dios es como un loco que lleva una linterna encendida en plena luz del día.[3] Pero cuando perdemos la Luz, debemos buscar cualquier ayuda que podamos encontrar. Solamente cuando viene el Espíritu Santo es que podemos ver la verdad (Juan 16:13).

¿Qué es la verdad? Hace poco agarré un diccionario para trazar la etimología de la palabra *true* [verdadero] en inglés. Proviene de una antigua palabra indoeuropea *treow,* que significaba *tree* [árbol].

¿Por qué un árbol sería símbolo de la verdad? Pienso en dos robles que se encuentran frente a nuestra casa. Permanecen con sus hojas por seis meses, y luego las van soltando una por una, entonces tengo que barrerlas ¡por medio año! Pero cuando no tengo que barrer las hojas pienso que son encantadores. Yo me preguntaba: "¿En qué se parecen estos árboles a la verdad?" De repente lo entendí con claridad; nunca me acosté preguntándome dónde estaría uno de esos árboles la mañana siguiente. He vivido todos estos años en esa casa, ninguno de esos árboles se ha movido de su lugar. No cambian de lugar. Así es la verdad.

Así es Dios. Puedes contar con Él. Él no cambia. La fidelidad y la verdad son la misma cosa para el Dios Omnipotente.

En hebreo la palabra que se usa para "creer" y la que se usa para "fe" provienen de la misma raíz lingüística, la cual es también el origen de la palabra hebrea "verdad". La raíz hebrea de la palabra es *amén*, que es la que usamos al final de nuestras oraciones para significar: "así sea, que sea cierto, que no cambie, que sea establecido". La palabra hebrea para "verdad" es *emmenet*, aunque siempre aparece en su forma contraída *ement*. Ésta proviene de la misma raíz, *amén*.

En otras palabras, los antiguos hebreos sabían que la verdad no cambia. Es algo con lo que siempre podemos contar.

Enfrentar nuestro pecado

En cierta ocasión un estudiante universitario me preguntó: "Dr. Kinlaw, si tomásemos cualquier disciplina académica–sea historia, química, biología, literatura inglesa, la lengua francesa o cualquier otra–y la llevásemos a su máxima expresión, llegaríamos al estudio de la filosofía, ¿verdad?"

"Sí"– le respondí– "es cierto. En la cultura occidental un grado académico es primordial en cada disciplina: el grado de Doctor en Filosofía. Lo que vayas a enseñar, sea francés, biología, historia o geografía, el grado más alto en el campo que hayas escogido será el de Doctor en Filosofía".

Entonces me preguntó: "Y si tomamos la filosofía y la llevamos más lejos, terminaremos en teología, ¿verdad?"

"Sí, así es".

"Y si aún llevamos la teología más lejos, vendremos a parar al centro de todo conocimiento, ¿verdad?".

"Sí"– le dije.

Este estudiante de último año sonrió y dijo: "¡Ahora sí sé lo que me gustaría estudiar!".

Y yo dije: Gracias Señor.

Si tienes el Centro de la vida, todo lo demás vendrá a su lugar. Pero cuando pierdes el Centro, todo lo demás empieza a desmoronarse. Cuando perdemos la comunión con Dios, no nos asombremos de que nuestro mundo comience a desintegrarse y que nuestra vida personal se deshaga.

*Alejándonos
de lo sagrado*

Nuestros matrimonios se desintegran, nuestras amistades se desintegran, nuestras organizaciones se desintegran, incluso hasta los programas mejor planificados se desintegran.

Moisés pudo comprender esto. Al tener por delante el hecho de que tenía que sacar a los israelitas de Egipto, le dijo al Señor: "Si tu presencia no ha de ir conmigo, no nos saques de aquí" (Éxodo 33:15).

No es solamente que Dios sea la Fuente de luz y verdad, sino que también Él es la fuente de todo lo sagrado. Cuando Dios nos hizo a ustedes y a mí colocó en nosotros un sentido de lo sagrado que es la vida. Aún una persona que no considera nada sagrado quiere ser tratado como alguien especial. Algo en nuestro interior reclama que somos personas de valor y significado. Tal sentido proviene de Dios. Pero si nos alejamos de Él la vida se convierte en algo profano. Todo parece poseer el mismo valor porque nuestros valores ya no existen. Podemos entonces tratar a una persona como animal o a un animal como a persona.

¿Conocen la historia del personaje inglés del siglo XVIII llamado William Wilberforce? Él descendía de una familia acaudalada y tenía suficiente dinero como para despilfarrarlo en la universidad la mayoría de sus días. Pero después de la graduación se postuló para el parlamento y fue electo.

Poco tiempo después su madre lo persuadió de que la acompañara a ella y a su hermana en un viaje a la Riviera (o Costa Azul). Viajaron en un carruaje tirado por caballos. ¿Pueden imaginarse cuánto tiempo le llevaría a un grupo de caballos tirar de un carruaje desde el Canal de la Mancha hasta el Mediterráneo? A Wilberforce le causó pavor el solo hecho de pensar que iría encajonado con su hermana y su madre por tanto tiempo, por lo que hizo arreglos para que viajasen en dos coches en vez de uno. Entonces invitó a un amigo para que viajase con él en el otro carruaje.

"Deberíamos llevar algo bueno para leer"– le dijo a su amigo, por lo que llevaron prestada una copia de la novela autobiográfica de Philip Doddridge titulada *The Rise and Progress of Religion in the Soul [El Ascenso y el Progreso de la Religión en el Alma]*, basada en la obra de la gracia de Dios en el corazón de una persona. Para el tiempo en que terminaban de leer el libro en su viaje hacia el Mediterráneo, William Wilberforce estaba convencido de que verdaderamente debía existir un Dios.

El próximo año tuvo que hacer otro viaje con su madre, así que invitó a que les acompañase a un hombre llamado Isaac Middler. Wilberforce le preguntó qué debían leer en el viaje; Isaac Middler, que era un devoto cristiano, le dijo entonces: "Vamos a llevar un Nuevo Testamento, el Nuevo Testamento en griego". ¡Eso era todo un desafío!

Para cuando ya regresaban a Londres, William Wilberforce se había convertido en un ferviente creyente en Jesucristo. Jesús se había convertido en el Centro de su vida.

¿Sabes lo que sucedió entonces? Wilberforce le dijo a los miembros del Parlamento que el color de la piel no es importante; que cada persona está hecha a la imagen de Dios. También les dijo que el lugar de origen de una persona no es determinante, ya sea de Inglaterra o de África, porque cada persona está hecha a la imagen de Dios. Wilberforce le dijo al Parlamento que los esclavos de Gran Bretaña debían ser liberados. Luchó por la abolición de la esclavitud por cincuenta años. Apenas unas pocas semanas antes de su muerte los esclavos de su país fueron puestos en libertad.

¿Por qué sucedió esto? Porque un hombre conoció a Jesucristo. Ciertamente hubo otros factores que influyeron para que llegara el fin de la trata de esclavos, pero este hombre peleó la batalla de manera implacable. Él acostumbraba a salir de su tiempo a solas con Dios para ir a las sesiones del Parlamento. Su fe en Cristo determinó su posición política. La Luz vino a su vida, y personas que antes habían sido tratadas como objetos, se convirtieron en sagradas para él.

Pienso que esto es exactamente lo que nuestro necesita hoy. Nuestro sentido de lo sagrado hacia la vida humana proviene de Él, porque tan sólo Él es santo. Tan sólo Él le da valor a nuestras vidas. Si perdemos nuestra relación con Él, nada tiene valor para nosotros.

Pero cuando reconocemos que nuestra persona como tal proviene de Él, entonces debemos tratarla como un regalo divino con relevancia eterna.

Alejándonos del Amor

Cuando le damos la espalda a Dios, le estamos dando la espalda a algo más que a Dios; le damos la espalda a la Luz, a la Verdad y a lo Sagrado. Pero también le damos la espalda al amor. Este tema es difícil de debatir porque usamos la palabra amor para describir muchas realidades diferentes. De hecho, usamos ese término hasta para expresar cosas contradictorias.

Puedo acordarme de los días de mi noviazgo. Vi a Elsie por primera vez en el culto de oración de un lunes por la noche. El martes por la mañana, después del servicio de capilla, me recosté contra el radiador en la oficina de correo de la universidad y esperé que ella viniera a recoger su correspondencia. Todavía puedo verla venir. Pasó caminando por mi lado y no me prestó atención. Se acercó a la casilla de correo, se inclinó, abrió el apartado, sacó su correspondencia, luego caminó por el pasillo y dobló la esquina. Todavía puedo decirles la ropa que ella llevaba puesta ese día.

Mi vida de repente comenzó a reorientarse. Supe cuál era el cuarto de dormitorio en que ella vivía. Quedaba al lado este del dormitorio de las muchachas, por lo que comencé a caminar con frecuencia hasta el cementerio para que al regresar pudiera observar el cuarto de Elsie. Comencé entonces a buscar excusas para tropezarme con ella. Ahora había un elemento excéntrico en mi vida. Yo me encontraba descentrado porque Elsie se había convertido en alguien importante para mí.

Un día le dije: "Te amo. ¿Te quieres casar conmigo?".

Elsie pensó que yo le estaba diciendo: "Me importas muchísimo". Pero saben lo que yo realmente estaba diciendo: "Me importo muchísimo. Cuando estoy contigo me siento feliz. Mientras más cerca estás de mí, más feliz me siento y me gusta estar feliz. Si te pudiera tener cerca de mí todo el tiempo, yo podría ser muy feliz". ¿Ven lo que quiero decir acerca de los usos contradictorios que le damos a la palabra amor?

El lenguaje humano no posee ninguna palabra que describa de manera adecuada el tipo de amor que Dios tiene para con nosotros. Por eso los escritores del Nuevo Testamento escogieron una palabra del vocabulario griego que se usaba de manera común y la transformaron. El Nuevo Testamento dice que, en vez de tener un corazón inclinado hacia sí mismo y hacia sus propios deseos, la persona que experimenta el amor de Dios es transformada desde su interior. Es un amor que hace que te preocupes más por los otros que por ti mismo. Hay solamente una

Fuente de amor como esa, y no está dentro de ustedes, ni dentro de mí.

Aún cuando hacemos buenas obras, obras caritativas, las hacemos con motivos egoístas. Las hacemos porque queremos ser bien vistos y sentirnos bien. Ese es un sentimiento humano destructivo. El amor de Dios está caracterizado por un motivo muy diferente.

Lo vemos demostrado en el amor que el Padre divino tiene por el Hijo, el amor que el Hijo tiene por el Padre, el amor que el Padre y el Hijo tienen por el Espíritu, y el amor que el Espíritu tiene por el Padre y el Hijo. Este amor es un amor que no está orientado hacia sí mismo. Es el tipo de amor que condujo al Hijo a poner Su vida por el Padre y por nosotros.

¿Saben qué necesita el mundo hoy en día de manera desesperada? Necesita un amor que transforme a la persona desde su interior para que el corazón no "busque hacia adentro, o, a sí mismo", sino que se interese por otros más que por sí mismo. Tan sólo el Espíritu Santo puede obrar tal transformación en el corazón humano.

Si Dios no vive en nuestro interior, en la persona de Su Espíritu Santo, viviremos como el resto del mundo. Todas nuestras buenas obras estarán contaminadas de egocentrismo. Sólo Dios es la fuente de genuino amor. Esta es la razón por la que nosotros los cristianos decimos que Dios es amor.

Alá, el dios de los musulmanes, ama a aquellos que mueren por él. Se dice que hay otros dioses que aman de otras maneras, pero su amor siempre está orientado hacia ellos mismos. A causa de la naturaleza trina del Dios verdadero, en donde cada Persona se está dando a sí misma por las otras dos, podemos decir que Dios es amor. Él nos invita a entrar en la intimidad de esa relación de amor, diciéndonos: "Tú puedes ser como uno de nosotros, en el sentido de que nos preocupamos el uno por el otro más que por nosotros mismos".

Cuando Stanley Tam se retiró del consejo de administración de la OMS, le entregué una placa en mi capacidad de presidente del consejo. Me sentí algo tonto al darle algo tan modesto comparado con su increíble generosidad para con la organización. Cuando ya había concluido mi discurso de la ceremonia de entrega, él dijo: "¿Puedo decir tan sólo una palabra?".

Entonces se puso de frente a la asamblea y dijo: "Quiero explicar por qué estoy aquí. Yo era un vendedor ambulante cuando una señora me llevó a Cristo. El amor de Jesús comenzó a llenar mi corazón. Conocí entonces a un joven evangelista que se convirtió en mi amigo y él me dijo: 'Stanley, necesita visitar el campo misionero en Corea. Déjame llevarte a Corea'.

"De la noche a la mañana me encontraba en Los Angeles. Desde allí volamos hasta Hawai y luego hasta Seúl. Mi amigo me dijo: 'Quiero que

conozcas a una señora'. Me llevó hasta el aparta-
mento de Lettie B. Cowman.[4]

"Quedé fascinado con la señora Cowman.
Ella tenía algo majestuoso a su alrededor, cierta
realeza. Percibí que tenía enfrente a una mujer
extraordinaria. Cuando llegamos al final de
nuestra conversación, me preguntó: 'Sr. Tam,
¿puedo contarle una historia?'

"'Claro que sí'– le dije. 'Por favor, cuente'.

"Me dijo: 'Cuando mi esposo y yo éramos jóvenes, vivíamos en Chicago. Él era operador de
la Western Union y estaba a cargo de 110 hombres.
Un hombre llamado Kilbourne se sentó frente a
su escritorio'".

El Sr. Tam explicó que la Sra. Cowman se
había convertido en un avivamiento metodista
y que luego compartió esta experiencia con su
esposo. Lo llevó al mismo avivamiento, pero no
respondió. Cuando finalmente llegaron a casa
esa noche, Lettie lo condujo a Cristo. El amor de
Cristo comenzó mover el alma de su esposo y
pronto él maduró espiritualmente más que
Lettie.

Entonces continuó: "Una tarde de viernes,
cuando se encontraban viajando en un tranvía,
vieron un cartel que decía, *Conferencia Misionera:
Conferencista A.B. Simpson*. Dijo entonces Charlie
Cowman: 'Vayamos, Lettie. Nunca hemos estado
en una conferencia misionera'.

"Asistieron aquella noche y escucharon a
Simpson hablar acerca de la necesidad de ganar

el mundo para Cristo y del sacrificio que Cristo había hecho por el mundo. Todo esto conmovió a Charlie profundamente.

Al final del servicio, Simpson dijo: 'Debemos recoger una ofrenda. Sin embargo esta ofrenda va a ser diferente a las del resto. Ustedes notarán que el platillo de las ofrendas estará lleno de relojes. No son relojes de oro pero son buenos relojes. Si posee un reloj de oro, le pido que lo ponga en el platillo y tome uno de los baratos. Lo que haremos luego será vender su reloj y usar las ganancias para llevar el evangelio a los confines de la tierra'".

Stanley Tam dijo: "Lettie Cowman estaba muy sorprendida. Nunca antes había escuchado algo igual. El platillo de las ofrendas pronto llegó hasta donde estaban ellos y estaba todo lleno de relojes. Lettie le alcanzó el plato a Charlie. Lo tomó con su mano izquierda y lo sostuvo. No lo pasó a otra persona. Lettie se quedó sorprendida cuando le vio meterse la mano en su bolsillo y sacar un reloj de oro. Ella se había sacrificado por muchos meses para poder comprarle ese reloj. Lo puso en el platillo de la ofrenda y tomó un reloj más barato.

"Lettie se volvió hacia él y le dijo: '¡Yo fui quien te dio ese reloj!' Pero ya para ese momento habían retirado el platillo".

"Ella dijo que Simpson luego regresó al púlpito y dijo: 'Debemos recoger otra ofrenda. Notará que los platillos están vacíos esta vez. Muchos de nosotros llevamos puestas más joyas de lo que necesitamos para lucir bien. Así que si usted simplemente deposita las joyas que no necesita, ya hemos hecho los arreglos para que un joyero las venda. Usaremos ese dinero para enviar el evangelio a personas que no lo han escuchado'.

"Vino de nuevo el platillo de la ofrenda"– contaba Tam. "Lettie Cowman se lo pasó a Charlie, quien lo tomó con su izquierda, y entonces con su derecha quitó el anillo de diamante de la mano de Lettie–éste era su anillo de compromiso–y lo puso en la ofrenda".

"Otra vez se volvió hacia él y le dijo: '¡Eso fue un regalo tuyo!' Pero ya habían retirado el platillo".

"Ella contaba que Simpson regresó otra vez al púlpito y dijo: 'Debemos tomar otra ofrenda. Esta vez será una ofrenda monetaria'".

"Cuando llegó el platillo de la ofrenda, Lettie vio a Charlie meter su mano en el bolsillo de su abrigo y sacar un sobre que contenía el salario de dos semanas y que se lo habían dado esa misma tarde. Lo tomó y así mismo lo puso en el platillo–el salario de medio mes.

"Lettie lo miró y no lo podía creer. 'Charlie, ¿de qué vamos a vivir?'– le preguntó, pero otra vez el platillo de la ofrenda ya había sido retirado".

Stanley Tam hizo una pausa cuando contaba la historia de la Sra. Cowman. Para ese tiempo ya estábamos conectados con cada palabra.

"El Dr. Simpson regresó al púlpito y dijo: 'Ahora debemos recoger la ofrenda que realmente vale. Debemos recoger la ofrenda de la vida. Aquí hay algunas personas que necesitan entregar sus vidas para servir a Cristo por el mundo. Si estás dispuesto a dar tu vida a Cristo para ir a lo último de la tierra con Su evangelio, ponte de pie'".

"Lettie me contaba: 'Charlie se puso de pie. Sr. Tam, yo conocía a Charlie lo suficiente y sabía que si él decía que iba a ir era porque lo haría– ¡conmigo o sin mí!'. Yo no quería vivir sola, ¡así que me puse de pie yo también! Me dijo: 'Sr. Tam, ese fue el momento más decisivo de mi vida'".

Cuando Stanley Tam hubo terminado su conversación con Lettie Cowman, fue a donde un abogado y le dijo: "Quiero darle mi negocio a Dios".

El abogado le contestó: "Pero, ¡eso es imposible!"

"Bien"–le dijo Stanley–"entonces tendré que buscar otro abogado". Así mismo lo hizo y de ahí nació el ministerio *Every Creature Crusade* [Crusade a Toda Criatura].

Necesitamos que ese tipo de amor sacrificial fluya a través nuestro, ese tipo de amor donde Dios es el centro y todo lo demás es secundario, todo lo demás queda subordinado a Él. Estamos viviendo en el reino donde Dios es el Rey y Su amor nos controla.

Dios es el origen de nuestras vidas. Cuando nos apartamos de Él, comienza la muerte espiritual.

Puede que tarde un poco, pero la muerte es inevitable.

¿Saben cuál es el mensaje del Movimiento de Santidad? Es que Dios puede ser el Centro de tu vida, para que toda tu vida fluya de Él.

Considere por un momento lo que significa la palabra obedecer. Cuando pensamos en los mandamientos del Antiguo Testamento que nos dicen, "No...", ¿nos hacemos la idea de una relación legal o de una relación personal de amor? La expresión hebrea para "obedecer" es *shema laqqol* y significa literalmente: "escucha la voz de". Existe una gran diferencia entre la actitud que dice: "Tengo un deber que cumplir" y la que dice: "Dios me ha dicho esto, y Él es mi Padre. Él me llama Su hijo. Su Hijo unigénito está ligado a mí. Tenemos una relación personal. ¿No debería escuchar la voz de Aquel con quien tengo una tan íntima relación?".

La pregunta más importante que puedo hacerles es esta: ¿Estás escuchando a Dios? ¿Estás lo suficientemente cerca a Él como para que puedas escuchar lo que te dice?

La pregunta más mportante

Otra frase hebrea para la palabra "obedecer" trasmite la misma idea. Es la palabra *hiqshib*, la que literalmente significa: "prestar atención a". Por eso es que Moisés le imploró a Dios que no enviara a los israelitas al desierto a menos que Él estuviese con ellos. Ellos necesitaban tener acceso a Dios. Moisés necesitaba que fuese Él quien los guiase cada día, a cada paso. Para que fuera así necesitarían prestarle a Dios una atención absoluta.

Eso fue lo que hizo Abraham cuando caminaba con Dios. No permitió que nada surgiera en su vida que compitiera con Dios.

Comencé a trabajar en el ministerio cristiano ya hace mucho tiempo. Con el correr de los años aprendí que el ministerio puede ocupar fácilmente el lugar que pertenece a Aquel que ministramos. Olvidamos que no es la obra del Señor la que va a salvar al mundo, solamente el Señor es quien salvará al mundo.

Debemos reconocer que no es difícil que nos ocupemos tanto en los programas de nuestro ministerio que terminemos perdiendo de vista el rostro del Señor y que nos alejemos de Su presencia. Cuando esto sucede estamos cortando la cuerda que sostiene el ancla de la Fuente de todo lo bueno y de todo lo que necesitamos para la vida.

Padre, te agradecemos por el suave guiar de Tu Espíritu que en ocasiones sentimos en nuestro interior. ¡Tú nos hablas de una manera tan apacible! Hay días en los que queremos que nos grites, pero Tú no lo haces. Señor, cálmanos para que podamos escuchar Tu voz, estemos seguros de Tu presencia, y sepamos que estamos caminando contigo paso a paso.

Recuérdanos que no estamos en el ministerio por nuestra cuenta. No permitas que nos apartemos de ti.

Amén.

Oíd la palabra que Jehová ha hablado sobre vosotros, casa de Israel. Así ha dicho Jehová: «No aprendáis el camino de las naciones ni tengáis temor de las señales del cielo,aunque las naciones las teman.

Porque las costumbres de los pueblos son vanidad: cortan un leño del bosque, luego lo labra el artífice con su cincel, con plata y oro lo adornan y con clavos y martillo lo afirman para que no se mueva. Derechos están como una palmera, pero no hablan; son llevados, porque no pueden andar. No tengáis temor de ellos, porque ni pueden hacer mal ni tienen poder para hacer bien...

¡Conozco, Jehová, que el hombre no es señor de su camino, ni del hombre que camina es el ordenar sus pasos!

–Jeremías 10:1-5, 23

Caminar con Dios

En la primera conferencia mencionamos seis metáforas que en la Biblia se utilizan para describir nuestra relación con Dios. La primera se ve en la vida de Abraham, la metáfora de la amistad. Abraham tuvo este tipo de relación con Dios lo que hizo que anduviera junto con Él durante muchos años. Estamos hoy aquí por la amistad de Abraham con Dios, y dicha amistad no hubiese sido posible si Abraham no hubiese confiado.

La segunda metáfora es la del juicio y el perdón. Esta aparece por primera vez con el establecimiento de la Ley Mosaica. Esta describe como estamos de pie frente a Dios, el Juez, Quien nos ha hallado culpables de pecado y está presto a dictarnos la sentencia de muerte. Pero entonces Dios mismo interviene y quita el castigo, para que seamos justificados por la fe.

La tercera metáfora es la de la familia, una imagen que se desarrolla paulatinamente en la Biblia, primeramente en la relación de Israel con Dios, y luego en términos de la relación de cada creyente con Él. Ser cristiano es nacer por segunda vez en la mismísima familia de Dios; es por eso que encontramos dentro de nuestro corazón un espíritu que clama: "¡Abba, Padre!".

La cuarta metáfora que describe nuestra relación con Dios es la del matrimonio. Aunque no siempre es tan obvia, son muchos pasajes bíblicos que apoyan esta enseñanza. La Escritura declara que la historia humana comenzó con una boda y culminará con otra. Jesús comenzó Su ministerio público en una boda (Juan 2:1-11) y en la última semana antes de la cruz, habló sobre una boda divina que está por tener lugar (Lucas 14: 15-24). El tema del matrimonio impregna toda la Biblia y culmina con la idea de que hemos de convertirnos en la novia de Cristo (Apocalipsis 21:9-27). La analogía humana que más se parece a la relación que debemos tener con Cristo es la relación que tenemos con una persona del sexo opuesto a quien amamos y con quien nos comprometemos irrevocablemente.

La quinta metáfora es la de la morada. Cristo vive en nosotros y nosotros vivimos en Cristo. Vivimos en Él y Él en nosotros.

La sexta metáfora es la de la identificación. Cuando vivimos y trabajamos en el nombre de Cristo, Cristo mismo está ahí. Confieso que esta metáfora ha sido la más difícil para mí y me ha obligado a aprender el significado de la Expiación en mi propia vida. Si es cierto que Cristo mismo está presente dondequiera que me encuentre, entonces Él debe hacer algo en mi vida mucho más que simplemente borrar el castigo por consecuencia de mis pecados. Debe hacer de mí, en alguna manera, una imagen de Sí mismo. Debe transformarme en una especie de canal mediante el cual Él pueda alcanzar el mundo en que vivo. Creo que todas estas metáforas enfatizan la importancia de la cruz. Ellas indican que Cristo murió en la cruz para hacer posible la realización de estas relaciones, o más bien, de esta relación. No tenemos múltiples relaciones con Dios. Es una sola relación, aunque necesitemos diferentes metáforas para describirla.

En la segunda conferencia tratamos acerca de la naturaleza del pecado. Dijimos que el pecado de Adán y Eva fue sencillamente que ellos se alejaron (le dieron la espalda) de Dios, quien era la fuente de todo lo bueno. Vale destacar que la palabra hebrea que denota "arrepentirse" significa literalmente "volverse", lo cual indica que debemos hacer lo contrario de lo que hemos hecho nosotros y nuestros ancestros en el pasado. Nos alejamos de Dios; ahora debemos regresar a Él. El concepto de arrepentimiento del Antiguo Testamento es sencillamente el de restaurar nuestra relación con Dios, para que podamos saber de nuevo lo que necesitamos de Él, las cosas sin las cuales no podemos vivir, la gracia y la bondad que se encuentran sólo en Él. Necesitamos que el Espíritu Santo nos ayude a volvernos a Él para que la plenitud de la gracia

Pecado y arrepentimiento

65

de Dios pueda entrar en nuestras vidas. El fin póstumo de la redención se refleja mejor, no mediante una imagen legal, sino mediante una imagen familiar en la que somos reunidos con el Padre celestial y con Su Hijo, de manera que podamos llamar a Dios una vez más nuestro Padre.

Es significativo que la culminación de la redención se exprese mediante esta metáfora de la familia. Considero que esto refleja una clase de sabiduría que sólo se halla en las Escrituras.

Como tenemos cinco hijos, dieciséis nietos y cuatro bisnietos, conozco un poco acerca de la responsabilidad de ser padre. En mis primeros días como padre pensaba que los Diez Mandamientos decían: "Hijos, obedeced a vuestros padres". Sin embargo un día me di cuenta lo que realmente dice el pasaje: "Honra a tu padre y a tu madre" (Éxodo 20:12). Hay una gran diferencia entre obedecer a alguien y honrarle.

Es posible que algún día, para poder honrar a mi padre humano, yo deba desobedecerle. Pero voy a honrarle en esa desobediencia. Por medio de esa desobediencia, el hecho de honrarle será evidente.

E. Stanley Jones fue a la Universidad de Asbury, escuchó el mensaje de las misiones y comenzó a dirigir un grupo de Estudiantes Voluntarios. Le pidió a Dios que le diera un misionero de ese grupo, y Él le contestó, pero no de la manera que Jones esperaba. Dios llamó al mismo Jones. Así que se sentó y le escribió a su madre viuda que vivía en Nueva Jersey: "Dios me ha llamado a ser misionero".

Su madre le contestó de inmediato muy indignada. "Has cometido un error"–le dijo. "Soy viuda. No tengo quien cuide de mí. Dios no haría esto. Tú no has sido llamado al campo misionero. Tu primera responsabilidad es cuidar de mí".

Jones se afligió mucho, batalló con el dilema. Pero Dios no estaba dispuesto a dejarlo libre. Así que le escribió nuevamente diciendo: "Madre, no es que te quiera menos, sino sencillamente que debo poner a Cristo primero. Él no me va a librar del llamado que ha puesto en mi vida".

La madre respondió su carta airada por lo infiel que estaba siendo como hijo. Pero ella, poco a poco, fue cambiando su punto de vista, porque se dio cuenta de que estaba poniendo la confianza en su hijo, no en Dios. Así que le pidió a Dios que la perdonara. Aunque había estado inválida, se puso bien y comenzó a tener una vida más saludable. En sus últimos años, E. Stanley Jones diría: "En aquella ocasión honré a mi madre aunque la desobedecí, porque hay Uno que es mayor que un padre terrenal. Él es el verdadero Padre, Dios el Padre. Yo tenía que obedecerle".

Me alegré de haber oído esta historia, porque un día tuve que lidiar con mi propio hijo, quien tenía un espíritu de rebeldía. Algo muy profundo en mi interior me dijo: "Si insistes en salirte con la tuya en esto, lo vas a perder. Y puedes perderlo para siempre". Por primera vez capitulé ante los deseos de mi hijo. No procuré imponerle mi voluntad ni mis principios. Al final de esa conversación, él me dijo: "Bueno, Papá, no dejes de insistir conmigo".

Cuando solté a mi hijo, él fue libre de regresar a mí y fue posible volver a tener una relación espontánea entre ambos. Consideraba que él estaba equivocado, pero no lo abandoné. Así que aún fue posible mantener el tipo de relación que necesitábamos.

Dios nos permite que le rechacemos

De la misma manera, Dios no es como un dictador que nos gobierna, martillando nuestra rebelde voluntad humana y diciéndonos constantemente: "Tienes que obedecerme". Por el contrario, Él nos da libertad. Nos permite que le rechacemos. Es cierto que perdemos mucho cuando hacemos esto. Pero aún, habiendo perdido mucho, tenemos una oportunidad de regresar a Él. Al hacerlo, podemos edificar una profunda relación de amor y devoción.

Este es el tipo de Dios que adoramos. ¡Qué grandioso saber que, detrás de todos los asombrosos procesos del universo, ahí está nuestro Padre! Cuando los primeros cristianos declararon formalmente su creencia en Dios, lo primero que expresaron fue: "Creo en el Padre". Estudien 1 Corintios 15:24-28. En esta cita se dice que cuando toda rodilla se haya doblado y cada lengua haya confesado que Jesucristo es Señor para la gloria de Dios Padre, entonces el Hijo entregará al Padre el Reino de quien proviene. Así que Dios es nuestro Padre por la eternidad; era nuestro Padre antes de que comenzara el universo y lo seguirá siendo hasta el fin. Podemos tener este tipo de relación con Él en el presente. Él es un Padre digno de confiar, amoroso y personal.

Cada cristiano quiere saber la respuesta de dos preguntas.

Primero: *¿Cuál es la voluntad de Dios para mí?* En otras palabras, ¿para qué fui creado? Sé que hay un destino apropiado, un carácter apropiado y un estilo de vida apropiado para mí. Necesito saber qué es lo que Dios quiere para mí para permitirle que me ayude a lograrlo.

Segundo: *¿Cómo es Dios?* Las Escrituras nos enseñan que, desde el comienzo, Dios nos hizo seres humanos a Su semejanza. Me hizo de manera individual para que fuese como Él. Necesito saber cómo es Él, para poder permitirle hacerme más el tipo de Persona que Él es.

¿Cómo puedo saber cómo es Dios? Encontramos algunas respuestas claras en Jeremías 10:1–5. No creo que haya escuchado a nadie predicar sobre este pasaje, aunque he vivido con él durante mucho tiempo y cuanto más lo hago mío, más hermoso me resulta. Así que déjenme compartirles el hilo de pensamiento según me ha guiado.

La naturaleza de Dios

Primero, fíjense que Jeremías está condenando la idolatría. Él comienza el capítulo diciendo:

Escucha, pueblo de Israel, la palabra del Señor.

Dice así: "No aprendan ustedes la conducta de las naciones, ni se aterroricen ante las señales del cielo, aunque las naciones les tengan miedo.

Las costumbres de los pueblos no tienen valor alguno. Cortan un tronco en el bosque, y un artífice lo labra con un cincel.

Lo adornan con oro y plata, y lo afirman con clavos y martillo para que no se tambalee.

Sus ídolos no pueden hablar; ¡parecen espantapájaros en un campo sembrado de melones!

Tienen que ser transportados, porque no pueden caminar.

No les tengan miedo, porque ningún mal pueden hacerles, pero tampoco ningún bien".

(NVI)

Aquí él está hablando acerca de los pueblos paganos que viven alrededor de Israel, pero no solamente de ellos. Se está refiriendo, además, a las multitudes que pertenecen a la comunidad de Israel o de Judá misma, porque la idolatría se había convertido en un patrón religioso para muchos de los judíos. Está hablando a personas que pudieran ser contadas dentro del pueblo de Dios, sin embargo adoran y sirven a ídolos.

Dense cuenta de que Jeremías no concibe que alguien no crea en una realidad espiritual. Esto está fuera de su concepción. Uno puede estar influenciado por la modernidad y pensar que puede ser posible, pero en el mundo de Jeremías, si no conocías al verdadero Dios, hacías uno para que ocupase Su lugar. Jeremías habla de un pueblo cuya vida estaba llena de sustitutos del verdadero Dios, de quien se habían alejado, el Dios que ya no conocían.

Jeremías dice que estas personas eran religiosas porque la humanidad es innatamente religiosa. La historia de la humanidad muestra grandes evidencias de ello. A veces somos ridículamente religiosos, y esto es lo que Jeremías está criticando en el pasaje mencionado. Él dice: "Debes tener un dios. Necesitas a alguien a quien adorar. Anhelas conocer a alguien que trascienda tus problemas humanos. Así que, ¿qué haces? Vas al monte, cortas un árbol, y tallas de él un dios?".

Se supone que un dios tenga valor, así que esta gente enchapa sus ídolos en oro. No se dan cuenta de que ellos mismos son los que atribuyen este valor a sus dioses. Suponen que un dios es alguien en quien pueden confiar y que les traerá estabilidad, así que cuelgan su imagen en un altar para impedir que se les caiga. Como se supone que un dios debe ser fácilmente accesible, ponen ruedas al altar para trasladarlo a dondequiera, para hacer el ídolo disponible para que se le pueda adorar en cualquier lugar.

Jeremías se burla de estos adoradores de ídolos que se vuelven del verdadero Dios hacia dioses de su propia creación. Pero, ¿qué dice Jeremías del Dios que él representa? Dice que no hay otro como Él. ¿Por qué? Porque es el único que existe. Los versículos 6 y 7 dicen que Él es el verdadero Dios; los demás son falsos. Él es el Dios viviente; los demás no tienen vida en absoluto.

El versículo 12 dice: "Dios hizo la tierra con su poder". Él creó todo lo que existe. La persona que se sienta a tu lado, la silla en la que te sientas, el aire que respiras, todo lo que hay en tu vida: Dios lo hizo todo. Él es el Creador. Es el único que suple todas tus necesidades.

En los versículos 12-16, Jeremías relaciona el tema de la creación con la historia humana. Dice que Dios no es sólo el Creador que hizo todas las cosas, sino que es el Señor soberano de la historia. Así que Dios dice al pueblo de Jerusalén que empaque sus maletas porque "esta vez arrojaré a los habitantes del país como si los lanzara con una honda. Los pondré en aprietos y dejaré que los capturen" (Jeremías 10:18). Se identifica a Sí mismo como el Señor soberano de la historia; hizo este mundo y aún ejercita Su gobierno sobre él.

Los ancestros sabían que fueron creados para adorar a Alguien superior a ellos mismos. Los

Hasta los ateos sospechan sobre la Verdad

ateos son un fenómeno moderno, y me pregunto si realmente un ateo no cree en Dios.

Sam Kamaleson, de Visión Mundial, tuvo la gentileza de invitarme a predicar en Moldova en 1990. Allá visitamos el Ministerio de Cultura y Sectas, la agencia que llevaba a cabo la persecución de la iglesia por parte del gobierno comunista. Tres pastores bautistas nos acompañaron en esta visita. Pude sentir como aumentaba el estado de ansiedad de los pastores.

El Ministro era un hombre de más de dos metros de altura, productor de cine y poeta. Me di cuenta de que era una persona muy inteligente, aunque tenía un tono de voz irritado. Parecía un volcán de energía, en espera de estallar. Aunque no sabía ruso, pude escuchar la molestia que expresaba con su voz. Pensé: "Este puede ser un momento de hostilidad".

De repente él interrumpió su monólogo a los pastores y me declaró: "Usted sabe que soy el Ministro de Cultura (no añadió "y de Sectas"). Ambos sabemos que la forma en que el pueblo normalmente expresa su cultura es mediante la religión. Nuestro gobierno ha decidido quitarnos nuestra cultura. El resultado final es que somos un pueblo que le ha mirado a la cara al Diablo mismo, y nos hemos ido de su presencia con la carne achicharrada. ¿Pudiera ayudarnos?".

Este fue un momento asombroso. Aquí estaba un hombre que había pasado toda su vida en el ateísmo comunista y, aún así, su corazón clamaba por algo más allá de sí mismo.

Desde entonces he podido notar que cada vez que encuentro con un ateo franco, hallo alguna evidencia de que cree en los seres espirituales, a veces expresado como una creencia en lo oculto, en la superstición o la magia. Todos nosotros anhelamos algo más allá de nosotros mismos que podamos adorar. Jeremías se dio cuenta de esta realidad; dijo que habíamos sido creados para otro ser. ¿Me permite escribir Otro con mayúscula? Somos hechos para Otro.

Jeremías declara esta conclusión en 10:23. Quiero darle una traducción de este versículo que es un tanto diferente de la NVI. El texto hebreo es muy directo en este pasaje. No mide sus palabras. Significa literalmente:

Sé, oh Yahvé, que el camino de Adán[5] no está en sí mismo. No le corresponde al individuo[6] que camina dirigir sus propios pasos.

La expresión "al... que camina" es un participio hebreo que describe el estar orientado hacia una meta. Cada ser humano está orientado hacia una meta. Al ser hechos a la imagen de Dios, cada un de nosotros tiene propósitos y metas. Pero, una vez más, analicemos lo que dice Jeremías: "Sé, oh Yahvé, que el camino de Adán no está en sí mismo. No le corresponde al individuo que camina dirigir sus propios pasos". Todos los seres humanos queremos llegar a algún lugar, pero no sabemos cómo.

Esta es una conclusión interesante, ¿verdad? Debe haber un camino para vivir, pero no lo hacemos nosotros. No podemos encontrarlo por nuestra propia cuenta, lo cual explica por qué los humanos somos religiosos de manera innata. Esta es la razón por la que clamamos por Otro, o Alguien, más allá de nosotros mismos. Creo que existen suficientes evidencias aquí para apoyar hoy esta conclusión.

Ningún ser humano tiene una brújula incorporada. Si tienes pensado viajar a un lugar desconocido y no puedes ver el sol, necesitarás una brújula para orientarte. Sin un punto de referencia externo, el ser humano está perdido. No podemos lograr un progreso lineal sin mirar hacia un punto estacionario fuera de nosotros mismos.

En busca de una guía confiable

En una ocasión, el nieto de un campesino quiso aprender a arar la tierra. Así que el anciano le dijo: "Hijo, debes arar en línea recta. Debes mantener los surcos paralelos".

"Mira hacia algo que este al otro lado del terreno"—le dijo el abuelo. "Mantén la vista fija en ello y ara derecho hasta llegar hasta ese punto. Entonces lograrás arar un surco recto".

El anciano dejó al muchacho en su labor. Regresó un rato más tarde y vio que el muchacho había arado en todas direcciones. "Te dije que te orientaras hacia algo"—insistió el anciano campesino. "Te dije que seleccionaras un objeto y araras en dirección de él".

"Lo hice"–dijo el muchacho. "¡Escogí aquella vaca que está allá!" Obviamente, a medida que la vaca se movía se movía el punto de referencia del muchacho.

Así hacemos también nosotros. Necesitamos un punto de referencia externo que sea confiable, porque en nosotros no hay ningún sistema direccional. Usted y yo no estamos completos. No somos autosuficientes. Cuando miramos hacia nuestro interior, perdemos la dirección y terminamos en un estado de dilución. Necesitamos un punto de referencia fijo más allá de nosotros mismos.

Por eso es que Agustín expresó: "Señor, Tú nos has hecho para Ti y nunca encontramos descanso si no lo hallamos en Ti"[7]. Un hombre de negocios lo tradujo así: "Dios hizo un hueco en mí tan grande que nada en el mundo podría llenarlo sino Dios mismo".

Jesucristo puede llenar ese vacío en el espíritu humano. Al hacerlo tendremos ese tan importante punto de referencia para nuestra vida.

Cuando llegué a este punto en mi estudio de Jeremías 10 hace algunos años, pensé: "Dios me hizo para que le necesitara. ¿Verdad que es sabio? Si no lo hubiese hecho así, intentaría vivir mi propia vida y me destruiría".

Luego pensé: "Esta debe ser la diferencia entre el Creador y Su criatura. La criatura necesita del Creador porque el Creador lo hizo con este fin".

Sin embargo ya no pienso así, porque estoy convencido de que Dios no nos manipularía. No nos programaría con ciertas necesidades para hacernos responderle como robots en el momento apropiado. No, creo que dependamos de Él por la imagen que tenemos en común con Él.

Estoy convencido de que ser una persona es estar orientado hacia alguien superior a uno mismo. Estoy muy conciente de que esto puede ser sencillamente mi propia interpretación, pero permítame desarrollar esta idea. Estoy convencido de que ser una persona es estar incompleto. He aquí por qué:

No podemos crearnos nosotros mismos. Todos aquí comenzaron sus vidas en el vientre de otra persona. Alguien les tuvo nueve meses en su vientre antes de que nacieran. No escogieron vivir; la vida fue un regalo que alguien les otorgó. No nos creamos a nosotros mismos; fuimos creados dentro de alguien más.

No podemos sustentarnos por nosotros mismos. Ingerimos alimentos tres veces al día. Con más frecuencia tomamos líquidos. Dieciocho veces por minuto nuestro cuerpo nos recuerda que la vida no está dentro de nosotros mismos, porque debemos tomar aire. Si este suplemento de aire

La naturaleza de una persona

es cortado, se acaba nuestra vida. Así que no podemos sustentar nuestras propias vidas. Estamos incompletos.

No podemos explicarnos por nosotros mismos. No existe tal cosa como un "ser humano típico". Cada individuo proviene de otros dos. Si viniese algún equipo explorador alienígena de algún rincón remoto del espacio y capturase a alguno de nosotros, nos llevara a su propio planeta para investigarnos, aún así no lograrían conocer mucho acerca de la raza humana. Debe haber un varón para explicar la hembra y una hembra para explicar el varón. Nuestra explicación de nosotros mismos no está en nuestro interior solamente.

¿Saben qué más nos dicen los Evangelios? *No podemos realizarnos por nosotros mismos.* Estoy convencido de que este hecho refuta la gran mentira que conduce al pecado.

Todo ser humano piensa: "Si tan sólo viviera a mi manera, sería feliz". Adán y Eva dijeron en el Huerto: "Si tan sólo pudiéramos tomar ese fruto, estaríamos contentos". Acostumbramos suponer que nuestra propia manera de vivir nos traerá contentamiento. Imaginamos que encontraremos la realización de nuestra vida obteniendo todo lo que deseamos. Pero, esta es la mentira mayor entre todas las mentiras, la mentira suprema. Obtén lo que quieras y descubrirás que no es lo que quieres realmente. Necesitas algo más porque fuimos creados para encontrar nuestra realización fuera de nosotros mismos. Jeremías se dio cuenta de estas cosas. Sabía que no podemos crearnos por nuestra propia cuenta. No podemos ser sustentados por nuestros propios medios. No podemos explicarnos nosotros mismos. No podemos encontrar realización por nuestra propia cuenta. Necesitamos a alguien más si es que hemos de encontrar la plenitud de la vida. Durante muchos años, al leer cómo Jeremías ridiculiza la idolatría, he pensado: "Toda criatura está incompleta. El Creador no tiene este problema".

Pero entonces me encontré con lo que dice Cristo en Juan 5:26: "Porque así como el Padre tiene vida en sí mismo, así también ha concedido al Hijo el tener vida en sí mismo".

Pensemos en esto. El Hijo eterno de Dios es como yo porque no se dio vida a Sí mismo. Puede resucitarle a usted y a mí de la muerte, pero Su propia vida proviene del Padre. ¿No es fascinante? Él dice que no se originó a sí mismo. Además, dice que Él no puede sostenerse por Sí mismo. Mi cordón umbilical fue cortado cuando la partera me separó de mi madre, pero Cristo habla de Sí mismo y de Su Padre como si Su cordón umbilical no hubiese sido cortado nunca. "Ciertamente les aseguro que el hijo no puede hacer nada por su propia cuenta, sino solamente lo que ve que su padre hace, porque cualquier cosa que hace el padre, la hace también el hijo" (Juan 5:19).

Cristo también dice que no puede explicarse por Sí mismo. Lea el evangelio de Juan y note cuántas veces Cristo se refiere a Sí mismo como el Hijo. Esta es la forma en la que se identifica. No está aquí por Su propia cuenta, sino fue enviado por el Padre. Podemos comprender qué es hijo sólo si sabemos lo qué es ser padre. Así que Jesucristo no puede explicarse por Sí mismo. No puede permanecer por Sí solo.

Mucho más significativo para mí es el hecho que Jesús diga que no puede satisfacerse por Sí mismo. Veamos: "Porque he bajado del cielo no para hacer mi voluntad sino la del que me envió" (Juan 6:38). El evangelio de Juan utiliza la palabra enviado cuarenta veces. La palabra griega que se utiliza algunas veces es *apostello* y otras, *pempo*, pero siempre se traduce como una palabra: enviado. De hecho, Jesús utiliza una magnífica frase en el Evangelio de Juan cuando se refiere a Su Padre diciendo *ho pempas me pater,* "el Padre que me envió" (Juan 8:16,18). ¿Quién ungió al Mesías? "El Padre que me envió".

Poco a poco me fue revelado que el protagonista del evangelio de Juan no es Jesús. El protagonista es el Padre que envió a Jesús, lo cual aclaró por completo mi entendimiento del Viernes Santo, porque siempre había supuesto que la figura principal de ese Día era Aquel que se encontraba en la cruz del medio. Pero la realidad es que la Figura central es Quien que no podían ver los espectadores, Quien lo orquestó todo. El Hijo estuvo allí sencillamente para cumplir la voluntad de Su Padre. Él dijo que había venido para "hacer la voluntad del que me envió" (Juan 6:38; *cf.* Juan 4:34).

¿Recuerda los pasajes en los que Jesús dijo que daría Su vida por nosotros (Mateo 20:28; Juan 6:51)? ¿Recuerda lo que dijo sobre el Buen Pastor: "El buen pastor da su vida por las ovejas" (Juan 10:11)? ¿Sabe por qué un pastor normalmente cuida de sus ovejas? Las tiene para vender, trasquilar o para comer. Sin embargo Jesús declara que es el Buen Pastor. Él es diferente a los demás pastores. Cuida de las ovejas para que ellas puedan comer de Él hasta agotarlo por completo, no para Él comerlas a ellas completamente.

Y he aquí el hecho más asombroso de todos: Jesús dice que se supone que yo deba ser como Él.

¿Cómo puedo llegar al punto de querer entregar mi vida y dejar que sea derramada completamente por alguien más? ¿Cómo dejo que mi vida sea sacrificada por causa de Cristo? Esto va más allá del perdón de mis pecados. Vengo a ser como Cristo cuando Él me lleva al lugar donde puede usarme como Él quiere.

Cuando compartimos la Santa Cena escuchamos estas palabras: "Tomen y coman; esto es mi cuerpo... Beban de ella [esta copa] todos ustedes. Esto es mi sangre del pacto, que es derramada por muchos para el perdón de pecados" (Mateo 26:26-28). Jesús está diciendo literalmente: "Consúmanme; devórenme".

Y entonces dice, más deliberadamente: "Como el Padre me envió a mí, así yo los envío a ustedes" (Juan 20:21).

Si hemos de cambiar el mundo en que vivimos durante el siglo veintiuno, debemos soltar nuestras propias vidas para que el Señor pueda usarnos en la forma que le plazca. Cuando Dios nos usa así, la gente se pregunta: "¿Cómo pueden hacerlo?". Y entonces es revelado Jesucristo.

Mis dones no llevan a cabo el servicio cristiano. Mi capacitación tampoco. Mis habilidades no pueden hacerlo. Solamente el sacrificio individual marcará la diferencia en el mundo. Sólo la cruz puede hacerme libre del pecado que puede retenerme. Sólo el sacrificio expiatorio de Cristo puede hacer que yo diga: "Padre, quiero Tu voluntad a toda costa. Quiero Tu voluntad plena porque sé que todo lo que sea menos que esto es engañoso y a largo plazo destructivo. Si puedo tan sólo ser completamente Tuyo, sabré para qué me creaste. Encontraré la realización de mi vida porque ella no se encuentra en mí mismo. Está en otro, quizás en la vida de alguien a quien no escogería, pero sí en otra persona y por propósitos eternos. Esta es la única forma en la que puedo estar verdaderamente vivo".

Creo que este es el significado de la cruz.

Padre Nuestro, no entendimos a Tu Hijo cuando vino porque Él era muy diferente a lo que esperábamos. Sabíamos que debíamos arrodillarnos ante Aquel que adoramos. Entonces Tú enviaste al eterno Hijo de Dios, Quien se arrodilló a nuestros pies. Sabíamos que el sacrificio era una parte esencial de la adoración. Entonces vinimos al Calvario, donde Aquel a quien adorábamos se dio a Sí mismo en sacrificio por nosotros.

Oh, Dios, tienes un modo muy peculiar, desde nuestra perspectiva, de poner las cosas al revés. Por eso muchas veces te malinterpretamos. Mueve nuestras mentes, mueve nuestros corazones, mueve nuestro entendimiento para que podamos ver qué tipo de Persona eres en realidad. Enséñanos a confiar en Ti lo suficiente como para permitirte hacer cualquier cosa que desees con nosotros.

Amén.

Sed, pues, imitadores de Dios como hijos amados. Y andad en amor, como también Cristo nos amó y se entregó a sí mismo por nosotros, ofrenda y sacrificio a Dios en olor fragante".

–Efesios 5:1-2

Ser imitadores de Dios

Aunque ya estoy cerca de los ochenta años, me sorprende como todavía me encuentro con cosas en la Biblia que antes no había visto, cosas que aparecen en lugares que no esperaba. Quizás sean asuntos que pasaba por alto de manera deliberada, pero que de una manera u otra el Espíritu Santo los pone frente a mí y cobran vida.

Hace poco decidí leer la epístola a los Efesios de principio a fin. Así que aparté un tiempo, me senté en un lugar solo y comencé. Al rato ya me encontraba en el capítulo cinco, en el cual Pablo comienza a decir: "Sed, pues, imitadores de Dios como hijos amados" (Efesios 5:1). Me reí en voz alta y pensé: Pablo, no te das cuenta. ¿Cómo podría ser yo un imitador de Dios?

Dios es el Omnipotente. Puedes tener por seguro que tan sólo unas pocas personas en la humanidad han tratado de hacer el papel de Dios. Han tratado de controlarlo todo, pero cada uno de ellos ha demostrado ser un necio. Ciertamente un ser humano no puede imitar la omnipotencia de Dios.

Dios es el Dios omnisciente. Él lo conoce todo. No le podemos decir nada que sea nuevo.

A Él nada le toma por sorpresa. Yo soy exactamente lo contrario. Si tengo una interrogante y busco su respuesta lo suficiente, quizás pueda encontrarla, pero en el proceso me doy cuenta de que existen diez cosas más que desconozco. Parece ser que el ser humano posee una ignorancia infinita y no un conocimiento infinito. Entonces, ¿cómo puede un ser humano imitar al Dios omnisciente?

Aún más, Dios es el Dios omnipresente. Él está en todas partes a la vez; en cambio, yo ocupo un momento en el tiempo y estoy en un solo lugar en el espacio, y no hay manera en que yo pueda evitarlo. ¿Cómo es posible que exista un ser humano bajo el sol que pueda imitar al Dios omnipresente?

Luego eché un segundo vistazo al pasaje de la Escritura y me di cuenta que Pablo define específicamente a que se refiere cuando escribe sobre ser imitadores de Dios: "Y andad en amor, como también Cristo nos amó, y se entregó a sí mismo por nosotros, ofrenda y sacrificio a Dios en olor fragante" (Efesios 5:2).

Pablo dice que debemos andar en amor al igual que Cristo. Y aquí volvemos a encontrar la palabra andar (caminar), de la cual dijimos era la palabra clave en el libro de Génesis. Nuestros modelos de fe en el libro de Génesis son personas que caminaron con Dios. Ellos eran Sus amigos. Entonces Dios mueve a Pablo a que escriba esto en su carta a los Efesios: "Quiero que ustedes sean como aquellos que han caminado conmigo". Caminar no es un acto aislado. Pablo no nos exhorta a hacer una cosa en específico. Él está hablando acerca de un patrón de conducta que debe caracterizar nuestras vidas. Describe un tipo de relación que debe ser permanente, continua y determinante en nuestra existencia, para que así nuestras acciones provengan de ese patrón de nuestras vidas. Ese patrón es el de una comunión inquebrantable con Dios. Esa comunión con Él determina cómo actuamos y pensamos.

Estoy agradecido porque las Escrituras hacen más énfasis en el patrón de mi vida que en mis actos, porque puede haber momentos cuando parezca lo contrario y aún cuando parezco evitar estar en intimidad con Dios. En ocasiones, algo aparece en mi vida que no es compatible con el patrón de una vida cristiana. Entonces Él trata conmigo y me trae de vuelta a Sí mismo.

Así que entonces le digo: "Señor, quiero que Tu vida sea mi patrón. Quiero que Tu vida sea la norma de mi vida y no la excepción". A esto se refería Pablo cuando dijo: "Andad en amor, como también Cristo nos amó, y se entregó a sí mismo por nosotros" (Efesios 5:2).

En este versículo aparece la palabra griega *ágape* (amor). El significado de "amor que se entrega a sí mismo" aplicado a esta palabra no puede ser hallado en diccionarios etimológicos griegos o en la literatura griega secular, porque ese concepto era ajeno a la mente griega antigua. Pero el Nuevo Testamento usa *ágape* para denotar un amor en el cual una persona se preocupa más por los otros que por sí misma. Esto es mucho más que el amar a tu prójimo como a ti mismo; es amar tanto a tu prójimo que te sacrificas tú mismo en lugar de ese prójimo. Es un amor en el que el bienestar de los otros es más importante que tu propio bienestar. Así que cuando el apóstol Pablo describe la manera en la que debemos de "caminar", lo que está diciendo es que debemos caminar en ese tipo de amor. Cristo es nuestro patrón de vida.

Cuando nosotros los cristianos estadounidenses leemos acerca de la vida de Cristo y recordamos Sus milagros, deseamos ver milagros semejantes en nuestros días. Prestamos gran interés a lo milagroso. Sin embargo, detrás de esos milagros hallamos la expresión de Cristo referida a Su propósito cuando dijo: "No sea como yo quiero, sino como tú" (Mateo 26:39).

El apóstol Pablo dice: "Andad en amor, como también Cristo nos amó, y se entregó a sí mismo por nosotros". Esa palabra, entregar, tiene matices religiosos importantes en el griego porque ha sido encontrada en escritos rituales. Se dice que una persona que hace un sacrificio lo da a su dios; el apóstol dice que eso fue lo que Cristo hizo. Se entregó a Sí mismo al Padre en sacrificio por nosotros. Por lo tanto, Pablo dice que debemos entregarnos de igual manera en sacrificio por otros.

Efesios 5:2 está repleto de palabras griegas con significados religiosos especializados. Por ejemplo, tomemos la palabra ofrenda. La palabra griega es *prosphora,* la cual es equivalente a la palabra *mincha* del Antiguo Testamento, palabra muy usada para describir regalos hechos a Dios. La segunda palabra que Pablo usa para "ofrenda" es *thusian,* el equivalente neotestamentario de la palabra veterotestamentaria *zabach.* De esa palabra se desprende la palabra hebrea para "altar", *mizbeach.* Vemos entonces que a menudo la "ofrenda" es sacrificada. Algo muere en el proceso de dar una ofrenda a Dios, algo llega al término de su existencia porque le es dado a Aquel que lo usará para otros propósitos. Pablo está diciendo que su "andar"—es decir, sus vidas—deben ser vidas ofrecidas en sacrificio, en las que ustedes mismos se den por otros, de la misma forma en que Cristo se entregó por nosotros.

La sombra que cubre todo este lenguaje es el Gólgota, el lugar de la Cruz. Allí Cristo se sacrificó por nuestra causa. Recuerden, Dios quiere que seamos como Cristo, por eso Él espera que nos entreguemos de manera sacrificial por amor a otros.

En el huerto del Edén, Adán y Eva cayeron en una mentira porque la serpiente le dijo: "Serán abiertos vuestros ojos, y seréis como Dios, sabiendo el bien y el mal" (Génesis 3:5). Creo que ellos de inmediato pensaron: Dios es quien tiene el control por aquí. La serpiente dice que si comemos de esta fruta, seremos como Dios. Así que entonces nosotros tendremos el control.

Esa fue la primera mentira que se introdujo en la mente humana. El Dios que puso a Sus hijos en el huerto no estaba obsesionado con tenerlos controlados. Él dijo: "Esto es todo suyo, solamente manténgase lejos de esta fruta en particular, porque si no, perderán su conexión con el bien si toman de ella. Van a llegar a saber lo que es el mal" (cf. Génesis 2:15-17). Ahora bien, ¿y qué tipo de Dios es ese? ¿Es ese un Dios manipulador y controlador?

Cuatro figuras de Cristo

Hay cuatros figuras de Cristo en el evangelio de Juan que dan una mejor noción acerca del carácter de Dios. La primera figura que tenemos de Cristo es que Él vino humillado hasta lo sumo. "A lo suyo vino, y los suyos no le recibieron" (Juan 1:11). Jesús no vino con gran poder y gloria mundanal, manera en la cual los judíos esperaban la llegada del Mesías prometido. Llegó de una manera casi lastimosa a tocar a la puerta de mundo diciendo: "¿Me permiten entrar?". Esa no es la actitud de un manipulador, ¿verdad? El que toca no está en control de la situación; la persona al otro lado de la puerta tiene el control. En Cristo vemos el más grande cuadro que podamos encontrar de Dios. ¿Qué hizo Cristo? Tocó a la puerta de nuestro mundo y dijo: "Ustedes tienen el control de esta relación. No los voy a obligar ni a manipular. Tan sólo quiero que usen ese control de la manera correcta".

Un padre puede entender esto, una madre lo puede comprender, también lo puede entender una esposa, ninguno de nosotros quiere dominar a un miembro de la familia a quien verdaderamente amamos. Al mismo tiempo no queremos ser controlados por aquellos que nos rodean. Lo grandioso de esto es que el Dios eterno no trata de controlar nuestras vidas. Él no desea tener una relación que sea obligada, y este no es el tipo de relación que nos invita a tener con Él. Él nos pide que hagamos Su voluntad porque nos deleitamos al hacerlo. Si disfrutamos el hecho de agradarle, entonces Su voluntad se convierte en nuestra voluntad.

La segunda imagen de Cristo en el evangelio de Juan es Su venida humilde. No entró a Jerusalén montado en un caballo, sino en un burro (Mateo 21:1-5). En la antigüedad el caballo era un animal usado en lo militar; sin embargo, el burro era la bestia usada por los sirvientes. Supongo que llevaba ya cincuenta años leyendo la Biblia antes que viera el verdadero significado de Zacarías 9: 9-10, que dice:

> *He aquí tu rey vendrá a ti, justo y salvador, humilde, y cabalgando sobre un asno, sobre un pollino hijo de asna. Y de Efraín destruiré los carros, y los caballos de Jerusalén, y los arcos de guerra serán quebrados.*

Cristo no es un rey a caballo; es un rey montado en un asno. Para cuando comprendí esto, en la década de los años '80, entraba a Kentucky una buena cantidad de dinero a causa de los caballos árabes que se usan en las carreras. A unos 24 kilómetros de mi casa, en una subasta, se vendía un caballo que nunca había hecho carrera alguna – un potro – por la suma de 10.5 millones de dólares. Entonces decidí preguntar el precio de los asnos en la ciudad de Lexington. Me dijeron que podía comprar un buen asno por tan sólo 65 dólares. En este hecho vi un aspecto de relevancia teológica: debido a que Jesús no fue un rey a caballo, los líderes judíos dijeron: "No sabemos qué hacer con este sujeto, no cumple nuestras expectativas".

Otra figura de Cristo se ve en el Jueves Santo estando en el aposento alto. ¿Qué está haciendo Jesús allí? Se arrodilla delante de Sus discípulos (Juan 13:2-5).

El arrodillarse es un gesto religioso. No hay nada más devoto que arrodillarse ante Aquel que adoras, ante Aquel de quien buscamos Sus bendiciones. Dondequiera que ustedes vean personas religiosas siempre las verán, tarde o temprano, arrodillarse. Quizás hasta las vean postrarse ante Aquel a quien adoran.

Pero aquí, como nunca antes había sucedido en la historia de la humanidad, Aquel que es adorado se arrodilla delante del adorador. De repente, las costumbres religiosas de antaño han sido trastornadas. ¿Quién es el que está de rodillas? El Dios eterno. Ese es el Dios a quien se supone debemos parecernos, es el Dios que se supone debemos imitar. De hecho Él quiere que seamos tal cual es Él – no para que así pueda humillarnos, sino para hacer de nosotros todo aquello que podamos ser para Él.

La última figura de Cristo en el evangelio de Juan aparece en el Viernes Santo (Juan 19:16-18). No se puede cuestionar que la cruz constituyó ser un altar y que de éste colgó un Sacrificio. No puede haber religión sin haber un sacrificio. ¿Qué es sacrificio? Es algo valioso que el adorador da a quien adora. Por miles de años de historia religiosa ha existido como característica común el hecho de que el adorador reconozca lo que adora por medio de un sacrificio.

¿Pero, qué es lo que tenemos el Viernes Santo? Tenemos al Dios eterno entregando Su más grande posesión – Su propio Hijo – en sacrificio para quienes lo adoran. Otra vez, todo la escena parece estar al revés.

Entonces cuando Efesios 5:1 dice: "Sed imitadores de Dios", nuestro primer impulso es pensar como lo hicieron Adán y Eva, cuando se imaginaban a Dios como el Controlador Soberano del mundo. Pero Pablo dice que debemos pensar de manera correcta. Cuando él nos dice que debemos imitar a Dios, se refiere a que debemos amar a otros así como Él nos amó y se entregó por nosotros.

Imitar a Dios, que estuvo dispuesto a morir por nosotros

Estoy convencido de que hemos malinterpretado el carácter de Dios, particularmente en términos de Su sacrificio y disposición a morir. Cuando pensamos en lo que significa rendirse totalmente, suponemos que es algo ofensivo en lo cual capitulamos ante alguien, lo cual es una falsa imagen. Rendirnos es la manera de obtener la verdadera libertad, somos hechos libres. Dios permite que pasemos por lo que parece ser la ignominia de la rendición, doblar las rodillas y aún todo el resto; pero, al hacerlo, nos está liberando de lo que contamina nuestras vidas para que quedemos limpios como deben estar los hijos de Dios delante de Él.

Cuando pensaba en este asunto del sacrificio propio, recordé otro sermón, de Henry Clay Morrison. Fue un sermón acerca del sacrificio de Isaac por parte de Abraham. Dios le dijo a Abraham: "Toma ahora tu hijo, tu único, Isaac, a quien amas, y vete a tierra de Moriah, y ofrécelo allí en holocausto" (Génesis 22:2).[8]

Morrison dijo: "Cuando Abraham levantó ese cuchillo y estuvo listo para clavarlo en la persona a quien más amaba—su vida, su gozo, su esperanza—fue cuando entonces escuchó una voz que le dijo: 'No toques al muchacho'".

"En ese instante me parece que escuché otra conversación"— dijo Morrison. "Era una conversación entre el Padre eterno y el Hijo eterno. El Hijo eterno decía: 'Padre, esta no es la última vez que vendremos a esta montaña, ¿verdad?'

"Y el Padre decía: 'No, Hijo. En unos dos mil años estaremos de regreso'

"'Y Padre, la próxima vez que vengamos a esta cima, no será uno de ellos al que estarán sacrificando en el altar, ¿verdad?'

"Y el Padre eterno dijo: 'Sí, Hijo. La próxima vez que vengamos, será uno de nosotros el que esté en el altar'.

"'Seré yo, ¿verdad?'– preguntó el hijo.

"Y el Padre le respondió: 'Sí, así es'.

"'Padre, y cuando ellos estén a punto de poner los clavos en mis manos y la lanza en mi costado, ¿gritarás: "¡No toquen al muchacho!"?'

"'No, Hijo'– dijo el Padre. 'Nunca le pedimos que hagan de manera simbólica lo que no hemos hecho en la realidad'".

Dios reinará, pero no lo hará a la manera del gobernante manipulador que nos quiere bajo Su poder para extorsionarnos como le plazca. Él es un Padre que quiere que Sus hijos crezcan y se conviertan en todo lo que ellos puedan ser. Él es un Esposo que quiere que Su compañera crezca y florezca hasta alcanzar una madurez total.

Pablo dice que cuando velamos más por otros que por nosotros mismos, nos convertimos en un "olor fragante para Dios" (Efesios 5:2). Tal idea me intriga. Todos nosotros compramos abundante desodorante para que nadie huela el ofensivo olor de nuestro sudor. Dios dice: "Si ustedes se convierten en un sacrificio vivo para mí, de la misma manera en que yo me convertí en uno para ustedes, entonces ustedes serán un aroma agradable ante mí".

La traducción al castellano de este versículo usa las palabras "olor fragante". Detrás de esa frase hay dos palabras del griego, *osmein* y *euodias*. Estas palabras son la traducción griega de dos palabras hebreas que se usan de manera constante a lo largo de toda la literatura en el Antiguo Testamento que trata acerca de los sacrificios; estas son: *reach nichoach*. La frase sugiere que cualquier sacrificio que se haga a Dios se convierte en un olor fragante para Él.

Hace varios años tomé la *Enciclopedia Británica* para leer el artículo sobre el incienso y descubrí que el incienso proviene de un árbol. ¿Saben cómo se extrae la fragancia de ese árbol? Los obreros de las plantaciones rajan literalmente la corteza del árbol usando grandes cuchillos o hachas bien afilados. Entonces por debajo de la herida quitan un pedazo de corteza y esperan que el árbol derrame su sabia. La enciclopedia usa una palabra poco familiar para describir las gotas de sabia; dice que éstas brotan de la planta en forma oval. La palabra oval significa, en primer lugar, "en forma de huevo", pero también significa "en forma de lágrima", por lo que podemos decir que el árbol llora derramando su sabia. Luego se deja que esa sabia se endurezca. Una vez endurecida, se trituran los trozos hasta convertirlos en polvo y se le agrega un disolvente. Este árbol logra hacer que el mundo sea un lugar que huela mejor cuando pierde el fluido de su propia vida.

Como cristianos, nuestras vidas son como eso. Se supone que seamos un grato olor delante de Dios, pero tan sólo podemos lograrlo al rendir nuestras vidas para Él.

Pablo no está haciendo en Efesios 5 un llamado al arrepentimiento. Él no está hablando aquí de alejarnos de transgresiones deliberadas. Está hablando acerca del interés que se centra en uno mismo y que trata de proteger lo que ese individuo considera como lo más preciado. Entonces este llamado de Pablo no es a los incrédulos. Él lanza este llamado de santidad a los creyentes porque una persona debe ser un creyente antes de poder darse cuenta cuán arraigado está el pecado dentro de su corazón. Pablo no está hablando a personas que necesitan romper con un patrón de vida de pecado, sino a aquellas que ya lo han hecho. Él está diciendo: "Quiero que sepan algo mucho más profundo. La cruz les trajo perdón, pero la cruz también puede traerles liberación de la contaminación que produce el amor propio".

Un llamado a dejar el amor propio

Esa contaminación corre por lo profundo, tan profundo que Dios tiene que tenerla en cuenta cuando nos llama hacia Él. Cuando Adán y Eva pecaron (es decir, cuando los seres humanos le dieron la espalda a Dios por primera vez), todas nuestras prioridades se volvieron hacia dentro en lugar de hacia fuera. Y debido a que nos volvimos hacia adentro, el único llamado que tiene sentido para nosotros es el que se hace a nuestro orgullo o amor propio. Es por eso que Dios debe dirigirse a aquello que nos induce al pecado para entonces salvarnos.

Nosotros los evangélicos solemos decir: "Dios tiene un hermoso plan para tu vida".

El incrédulo pregunta: "¿Es mejor que lo que yo estoy haciendo ahora? Porque si es mejor que lo que yo estoy haciendo, me encantaría". Eso es amor propio, ¿verdad?

O le decimos: "Te puedes librar de la culpa".

El incrédulo responde: "¿Quieres decir que no tengo que vivir con la carga emocional de la culpa? ¿Puedo librarme de eso?".

"Sí" – le respondemos. Apelamos al amor propio del incrédulo.

El centro de este diálogo es el ego. Dios no puede apelar a otra cosa en los seres humanos perdidos que no sea su orgullo pecaminoso.

Una pareja que esté teniendo problema en su matrimonio, dice: "¿Cristo puede ayudarnos?". Entonces se convierten en cristianos para salvar su relación.

Otra persona está enfrentando una muerte inminente y teme del juicio de Dios, por lo tanto rinde su vida a Cristo para evitar el castigo.

¿Ven? Dios raras veces nos confronta con la verdadera profundidad de nuestro orgullo en el momento de nuestra conversión, porque no sabemos cuán profunda es en realidad. Estoy seguro de que Dios puede hacer lo que quiera, pero normalmente una persona no puede experimentar el perdón de Dios hasta que no sabe que es pecador. Si un incrédulo no conoce todavía la dimensión de su propio orgullo, ¿cómo puede clamar a Dios para que lo libre del mismo?

Por lo tanto, Pablo solamente puede invitar a los creyentes a que rindan su identidad para que así el mundo pueda conocer a Cristo. Él no les dice a los incrédulos que lo hagan.

Cuando el pecado entró al mundo, intensificó algunas cosas y atenuó otras. Unas de las que intensificó fue nuestra capacidad de ver lo malo en otras personas. Una de las cosas que atenuó fue nuestra capacidad de ver lo malo en nosotros mismos. Perfectamente vemos lo inapropiado en otra persona, pero estamos ciegos a ver eso mismo en nosotros.

Por lo tanto, cada ser humano necesita dos cosas: primero, necesitamos a Cristo. Necesitamos verle tal cual es. Necesitamos ver al que es Santo, cuya vida es una expresión de amor hacia los demás. Segundo, necesitamos tener a algunas personas a nuestro alrededor que puedan ver dónde no encajamos en el patrón de Cristo.

Los Evangelios ilustran esto. Cuando Jesús llevó a Sus discípulos a Cesarea de Filipos, les preguntó quién creían ellos que Él era. Pedro respondió: "Tú eres el Cristo, el Hijo del Dios viviente" (Mateo 16:16). Jesús afirmó que esto era cierto. Luego quiso que Sus discípulos supiesen quiénes ellos eran, entonces comenzó a hablarles acerca de Su ida a la Cruz. Lucas dice: "Pero ellos nada comprendieron de estas cosas, y esta palabra les era encubierta, y no entendían lo que se les decía" (Lucas 18:34).

Sabían que Jesús se dirigía a Jerusalén; sabían que Jerusalén era la ciudad capital de los judíos; la Pascua se acercaba y Jesucristo era el Mesías. Así que comenzaron a preguntarse: ¿Establecerá Su Reino en esta ocasión? Si lo hace, ¿qué significará para nosotros?

Jacobo y Juan preguntaron si podrían sentarse a la derecha y la izquierda de Jesús cuando llegase a Su trono. Al oir esto, los otros diez discípulos se molestaron mucho (Marcos 10:35-41). Quizás pensaron: ¿Quiénes piensan ellos que son para tener el privilegio de sentarse la derecha o la izquierda en el Reino? ¿Quiénes somos nosotros? Los discípulos querían conocer su lugar.

Este deseo de ser reconocido y de tener estatus es un problema persistente entre los creyentes. Lo fue para los Doce, y lo es hoy en la mayoría de los círculos cristianos en los que me relaciono.

La habilidad de ver el potencial de otras personas

Cuando Dios llenó con su presencia el corazón de William Booth, éste comprendió que nadie está imposibilitado de alcanzar ese potencial divino. El libro de Harold Begbie, *Twice Born Men [Hombres Nacidos Dos Veces]*, nos cuenta como, en una noche de mucha lluvia, la asistente de Booth pasaba por un callejón cuando divisó un bulto de harapos en el suelo. Entonces pensó: ¿Será que habrá alguien debajo de ese bulto? Así que se detuvo y comenzó a echar los trapos a un lado. Allí encontró a un hombre completamente ebrio que se estaba muriendo a causa del frío. Se lo llevó y se ocupó de él. Al hombre se le llegó a conocer como *O.B.D.* (*"Old Born Drunk"*) [el Viejo Borracho de Nacimiento], debido a que su madre estaba ebria cuando dio a luz, por lo tanto había tenido alcohol en su organismo desde el día de su nacimiento. No recordaba haber estado sin alcohol alguna vez hasta que Cristo vino a su vida. Luego se convirtió en uno de los grandes ganadores de almas en el Ejército de Salvación de Booth en Inglaterra.

¿Ven? Nadie está fuera del alcance de la gracia de Dios. Sin embargo, esa no es la manera en que normalmente pensamos; así tampoco pensaban los discípulos de Jesús.

Por eso fue que Jacobo y Juan dijeron respecto a los samaritanos: "Señor, ¿quieres que mandemos que descienda fuego del cielo para que los consuma?" (Lucas 9:54). Ellos no podían imaginarse que Dios pudiera hacer algo bueno con ese pueblo pagano.

Uno de los predicadores estadounidenses más notables del siglo XX fue Harold John Ockenga. Cuando aún era estudiante en un colegio cristiano, dijo algo inapropiado y otro joven del grupo se lo hizo saber: "Ockie, algo anda mal contigo o anda mal conmigo". Aquello conmovió a Ockenga. Oró con gran fervor por lo ocurrido y se arrepintió de lo que había hecho. Unas semanas después ocurrió otro incidente. Otra persona del grupo le dijo: "Ockie, algo debe andar mal contigo o, sino, yo soy el del problema". De ahí se derivó una experiencia a la que más tarde Ockenga denominó como su rendición total, su consagración absoluta a Dios y el bautismo del Espíritu Santo.

El Dr. Ockenga invitó a Billy Graham poco tiempo después de la cruzada de Los Ángeles a que lo visitara. Graham fue hasta su oficina y le dijo a la secretaria: "¿Podría ver al Dr. Ockenga?". Ella contestó: "Estoy segura de que le encantaría verle. Se encuentra en su oficina. Adelante. Pase usted".

Cuando Graham entró, no vio a nadie detrás del escritorio. Escuchó entonces un gemido agonizante, venía de alguien cuya alma estaba angustiada. Entonces pensó: "Alguien necesita ayuda. ¿Dónde está esta persona?".

Por fin percibió que detrás del escritorio había un bulto debajo de la alfombra. Cuando Graham la haló, vio que era Harold John Ockenga quien estaba debajo de ella orando.

No sé si ustedes o yo debamos hacer cosas como estas, pero les diré esto: el Espíritu de Dios no es alguien que yo pueda usar para mi ministerio. Él es quien está destinado para usarme, y cuando quiero ser usado por el Espíritu Santo, mi corazón clama por Él.

Digo una vez más que el llamado a la santidad no puede ser hecho a los pecadores. Las expresiones más suplicantes en las Escrituras no están dirigidas al mundo en general. No son para Roma, Alejandría o Atenas; ellas son para Jerusalén. Los grandes llamados del Antiguo Testamento están hechos para el pueblo de Dios, porque Dios dice: "Si se humillare mi pueblo, sobre el cual mi nombre es invocado, y oraren" (2 Crónicas 7:14). La necesidad más grande que tiene el mundo de hoy no es la del evangelismo.

Desde mi perspectiva, lo más necesario son cristianos como ustedes y como yo espiritualmente purificados para que de esta manera el Espíritu de Dios pueda obrar por medio nuestro. Únicamente cuando Dios tuvo a 120 cristianos llenos del Espíritu Santo pudo haber 3000 personas convertidas (Hechos 1:15; 2:41). El evangelismo debe crecer a partir de la experiencia de la santidad. Eso fue lo que le sucedió a Booth y a tantos otros que ganaron perdidos para Cristo.

Lo que el mundo necesita de nosotros

Cuando Pablo escribía la epístola a los Filipenses, se encontraba en prisión y la escribía para un grupo de personas a quienes amaba profundamente. Les dice: "Hermanos, quiero que sepan que, en realidad, lo que me ha pasado ha contribuido al avance del evangelio. Es más, se ha hecho evidente a toda la guardia del palacio y a todos los demás que estoy encadenado por causa de Cristo. Gracias a mis cadenas, ahora más que nunca la mayoría de los hermanos, confiados en el Señor, se han atrevido a anunciar sin temor la palabra de Dios" (Filipenses 1:12-14, NVI).

Entonces nos encontramos con un versículo tremendo: "Algunos, a la verdad, predican a Cristo por envidia y contienda; pero otros de buena voluntad" (Filipenses 1:15). La palabra que aquí se traduce como "contienda" no significa literalmente contienda. Nuestros especialistas en griego por muchos años no se percataron de esto. La palabra es *erithea*, y los eruditos pensaron que provenía de la palabra griega *eridzo*, que significa "contender". En realidad esta palabra se deriva de otra raíz lingüística. Originalmente se refería a un regalo de gratitud que se le ofrecía a alguien. Luego pasó a referirse al salario ganado. El otro uso de dicha palabra se refería al soborno ofrecido a una figura política. Finalmente vino a usarse como el pago a una prostituta. Entonces podemos decir que la palabra significa básicamente salario dado a una persona para llevar a cabo sus propios intereses.

Notemos ahora el contexto en el cual Pablo escribe estas palabras. Se encontraba en prisión, encadenado. Sabía que había muchos afuera que estaban predicando el evangelio. Algunos lo hacían de buena voluntad, pero otros lo estaban haciendo para beneficiarse de alguna manera. Así que él termina diciendo: "Nada hagáis por egoísmo [*erithea*] o por vanagloria, sino que con actitud humilde... esta actitud que hubo también en Cristo

Jesús" (Filipenses 2:3, 5, BLA). La mentalidad erithea pregunta: "¿En qué me beneficia? ¿Qué provecho puedo sacar?" La mente de Cristo dice: "Tengo una oportunidad de derramar mi vida por otra persona".

Entonces, ¿cómo puede llegar una persona hasta este punto? Solamente por medio de la obra divina de gracia que el Espíritu Santo realiza en nuestros corazones. El mismo Espíritu que se movió en Cristo debe cambiarnos desde nuestro interior, purificarnos del deseo de mantener el más mínimo deseo de controlar nuestras vidas para beneficio personal. Solamente Él nos puede librar de esa voz interior que constantemente nos está diciendo: "¿Qué me hará quedar bien? ¿Qué tiene que me sirva? Merezco algo mejor que esto".

En cuatro de las otras cinco referencias que hace la Biblia a *erithea* (2 Corintios 12:20; Gálatas 5:20, Santiago 3:14; Romanos 2:8) esta manera de pensar está muy relacionada a la envidia–la preocupación abrumadora de que otros están recibiendo más que uno. La palabra erithea también aparece dos veces (2 Corintios 12:20; Gálatas 5:20) en listados que caracterizan la maldad que se opone a la vida llena del Espíritu Santo.

¿Se podrá vivir en este mundo libre de esta manera egoísta de pensar? ¿Se podrá ser libre de la tiranía del yo? No son muchos los que lo creen que es posible.

Tengo un amigo que es un muy buen teólogo sistemático, en realidad, no conozco a otro tan bueno como él. Leí mucho sus escritos y he aprendido mucho de ellos. Él dice: "Sabes, soy agustiniano. No creo que podamos salvarnos del amor propio. Esto contaminará todo lo que hagas".

Pero luego dice: "Estoy enamorado del avivamiento wesleyano. Soy hijo de George Whitefield y no de los Wesleys; sin embargo tengo que admitir que el movimiento metodista fue el que más se acercó a producir un ethos cristiano que cualquier otro movimiento en la historia de la iglesia. Tan sólo deseo que los wesleyanos de hoy tuviesen más de aquello que tenía Wesley". Este amigo mío no tolera la teología de Wesley, pero de cierto sí le gusta el fruto que produjo.

Yo tampoco estoy interesado en darle propaganda a Juan Wesley. Es el mensaje de Jesucristo lo que quiero propagar. Así que creo que podemos decir confiadamente al mundo que Dios puede darnos un corazón limpio por medio de la sangre que Cristo derramó. Por otra parte, necesitamos vivir en una comunión íntima con otros cristianos para no engañarnos y caer en la autocomplacencia.

¿Algún ejemplo de siervos desinteresados?

Encontramos ejemplos bíblicos de personas que se libraron de una mente egocéntrica. Pablo dice en Filipenses 2:19-21:

Espero en el Señor Jesús enviaros pronto a Timoteo, para que yo también esté de buen ánimo al saber de vuestro estado; pues a ninguno tengo del mismo ánimo, y que tan sinceramente se interese por vosotros. Porque todos buscan lo suyo propio, no lo que es de Cristo Jesús.

Quizás en los tiempos de Pablo no había muchos que se interesasen por los demás con sinceridad más que por sí mismos, pero Pablo dice que Timoteo era uno de esos. ¿Cómo llegó Timoteo a tal punto? ¿Acaso era más virtuoso que los demás? No, eso sería toda una contradicción de la teología bíblica. Timoteo debió haber llegado allí por medio de la gracia de Cristo. Y si Timoteo pudo llegar a ese punto por medio de la gracia de Cristo, entonces ustedes y yo también podemos. Si no lo alcanzamos es porque no nos apropiamos de la gracia que Cristo nos ofrece.

A menudo se nos recuerda que Pablo dijo que él era el mayor de los pecadores (1 Timoteo 1:15), pero, ¿saben qué dijo además? "No seáis tropiezo ni a judíos, ni a gentiles, ni a la iglesia de Dios; como también yo en todas las cosas agrado a todos, no procurando mi propio beneficio, sino el de muchos, para que sean salvos. Sed imitadores de mí, así como yo de Cristo" (1 Corintios 10:32 – 11:1).

Ocho versículos atrás Pablo había dicho: "Ninguno busque su propio bien, sino el del otro" (1 Corintios 10:24). ¿Podrá Dios cambiar a alguien desde su interior para que llegue a tal punto? ¿Puede Dios cambiar hacia afuera el "corazón vuelto sobre sí mismo" del que hablaba

Lutero? Yo pienso que sí. Pero lo hará sólo cuando estemos dispuestos a decir: "Padre, que se haga tu voluntad y no la mía".

Lo maravilloso de esto es que cuando Dios controla tu vida, entonces eres verdaderamente libre. Eres más libre que nunca antes. Experimentas un gozo que nunca antes tuviste, porque serás entonces todo aquello para lo que Dios te hizo: un reflejo de Él.

Padre, no es mérito nuestro saber lo que hoy sabemos; todo lo que sabemos y todo lo que hemos experimentado nos sido dado porque alguien más se preocupó por nosotros. Nos maravillamos de la forma en que nos hiciste, para que de esta manera la llave hacia la vida de cada persona pueda encontrarse en alguien más, alguien diferente a nosotros. Ciertamente no nos podemos gloriar en nosotros mismos; si algo sabemos hoy acerca de Tu gracia es porque alguien pagó el precio para dárnosla a conocer.

Señor, permite que estemos dispuestos a pagar el precio para que otros lleguen a saber cuanto sabemos, quizás aún más. Ayúdanos a no tener miedo de que el Dios que murió en la cruz controle nuestras vidas. Solamente cuando Tú tienes el control es que podemos ser verdaderamente libres. Amén.

Notas

1   No he tratado de usar un lenguaje inclusivo por el hecho de hacerlo sencillo. Sin embargo, reconozco que hay pasajes de las Escrituras que se aplican tanto a mujeres como a hombres. Es por ello que pido indulgencia de parte del lector cuando me encuentre usando pronombres masculinos para referirme a los cristianos en general.

2   Charles Cowman fue un misionero estadounidense en Japón en la década del 20 y cofundador de la Sociedad Misionera Oriental conocida como OMS Internacional.

3   Friederich Nietzsche, The Gay Science, Walter Kaufmann, ed. (New York: Vintage, 1974), pág. 181-82.

4   Leite B. Cowman es la autora del devocional clásico Manantiales en el Desierto y fue cofundadora de la OMS Internacional.

5   La palabra hebrea adán se utiliza aquí para denotar genéricamente la raza humana.

6   Esta es la palabra hebrea ish, que significa una persona en particular.

7   Agustín, Confesiones, 1:1.

8   En esta historia ocurre una expresión sorprendente cuando Dios dice: "Toma a tu hijo y sacrifícalo". La próxima palabra que aparece en el texto hebreo es vayashkem, que significa 'se levantó muy temprano' (Génesis 22:3). Así que lo primero que Abrahán salió a hacer por la mañana fue lo que le había dicho su Amigo que hiciese, que sacrificara el objeto de su amor. Salió a sacrificar su futuro y la propia razón de su existencia. Abrahán entonces tenía razones más que suficientes para altercar, si hubiese querido, con Dios, pero... vayashkem ("se levantó temprano").

Índice